Angelika Ostrowski

Glück ist nicht perfekt

*Für eine liebe
Freundin meiner
Schwester Monika*

*Berlin, den 14.8.2023
Angelika Ostrowski*

Copyright by Primär Verlag Berlin

Alle Rechte vorbehalten

Umschlagsgestaltung: Exakt Werbung, Simone Stolz

Coverfoto 1 © Adobe Stock

Urheber: Andrii Yalanskyi

Druck und Bindung: Digitaler Buchdruck, Lindemann

Printed in Germany

ISBN 978-3-948414-33-7

Gelistet in der Deutschen Nationalbibliothek.

Dieses Buch widme ich meinem Vater, der sich sehr interessiert nach dem Verlauf seiner Entstehung erkundigte.
Leider erlebte er die Fertigstellung des Werkes nicht, denn er verstarb bereits im Frühjahr 2022.

Prolog

Die Diagnose des Arztes war besorgniserregend: drei Monate, sechs Monate, ein Jahr, vielleicht länger? Genau konnte er es natürlich nicht sagen. Es kam darauf an, wie die Behandlungen anschlugen. Susanne schwirrten tausend Gedanken durch den Kopf. Sie hatte noch Pläne. Von manchen könnte sie sich verabschieden. Sie hatte bereits einiges von der Welt gesehen und müsste nicht noch einmal auf große Reisen gehen. Aber ein Buch schreiben, das würde sie reizen. So etwas kam in ihrem Leben noch nicht vor. Es wäre eine neue, ganz andere Herausforderung für sie.

Susanne war keine sechzig Jahre alt, aber ihr Ruhestand rückte in greifbare Nähe. Als Beamtin im Jugendamt hatte sie viele Familienschicksale kennengelernt. Oft verfolgten sie diese bis in ihr Privatleben. An der Professionalität, die Arbeit nach Dienstschluss hinter sich zu lassen, war sie immer wieder gescheitert. Nun war es genug. Mit zunehmendem Alter wurde Susanne dünnhäutiger. Sie beschloss, in den vorzeitigen Ruhestand zu gehen, zumal sie aufgrund der Diagnose nicht wusste, wie viel Lebenszeit ihr noch blieb.

Susanne war eine gläubige Frau. Daher wusste sie ihr Leben in den Händen einer größeren Macht. Mutig betete sie dafür, ihre Idee, einen Roman zu schreiben, umsetzen zu können. Ihr Mann Dirk konnte ihren Glauben nicht teilen. Aber er bewunderte, wie dieser Susanne in ihrer Krankheit offensichtlich Halt und Mut gab. Auch mit dem Gedanken, dass sie einen Roman schreiben wollte, musste er sich erst anfreunden. Er hätte sich stattdessen vorstellen können, mit seiner Frau und dem Wohnmobil durch Länder zu reisen, die sie bisher nicht gesehen hatten. Spaß zu haben, solange es noch ging. Dies wäre *seine* Vorstellung. Aber Susanne war da anders gestrickt und wollte ihre eventuell letzte Zeit kreativer nutzen. Im Laufe der Zeit sah Dirk es ein und unterstützte sie jetzt, wo er nur konnte. Zwischen den Behandlungen und Arztgesprächen, die immer wieder sehr anstrengend für Susanne waren, versuchte sie, ihre Gedanken zu Papier zu bringen. Der Roman sollte doch unbedingt fertig werden. Und so setzte sie sich eines Morgens, ganz früh, als sie nicht mehr schlafen konnte, an ihren geliebten Schreibtisch und begann einfach zu schreiben.

Kapitel 1

Es begann im Jahr 1955. Maria und Reinhard waren gerade erst ein halbes Jahr verheiratet, als sich bereits Nachwuchs ankündigte. Sie waren zwar überrascht, dennoch freuten sie sich sehr auf ihr erstes Kind. Die Schwangerschaft verlief ohne Komplikationen. Maria fühlte sich rundum wohl.

An einem für den November eher ungewöhnlichen Sonnentag mit etwas Schneegriesel spürte sie, dass es wohl Wehen sein mussten, die sie teilweise in die Knie zwangen. Jetzt schon so schmerzhaft, dachte sie, na das kann ja noch heiter werden. Maria gehörte zu den ängstlichen und sensiblen Menschen, trotzdem überwog die Freude auf das neue Leben, das sie allerdings noch nicht so bald in ihren Armen halten sollte. Reinhard fuhr seine Frau mit dem erst kürzlich erworbenen kleinen Auto zum Krankenhaus. Da es nicht üblich war, dass der Ehemann bei der Geburt dabei sein durfte, harrte er im Wartebereich aus. Stunde um Stunde verging, und Reinhard lief nervös auf und ab. Wenn nur alles gut geht! Gerne würde er bei seiner Frau sein und ihr beistehen. Ihr die Hand halten, einen feuchten Lappen auf die Stirn legen, wenn die Schmerzen ihr den Schweiß auf dieselbe trieben, oder überhaupt ihr gut zureden und Kraft geben. Oh, wie war er hin- und hergerissen und schwankte zwischen Vorfreude und Angst. Wenn nur alles gut geht, ging ihm immer wieder durch den Kopf. Sein Blick wandte sich an einen vermeintlichen Leidensgenossen ihm gegenüber. Zur Zeit waren sie beide allein im Wartebereich.

Martin Goldmann, ein Herr im fortgeschrittenen Alter, versuchte Reinhard zu beruhigen. „Ist es ihr erstes Kind", fragte er gelassen. „Da kann es schon ziemlich lange dauern. Bei uns ist es das fünfte Kind. Da ist man nicht mehr ganz so nervös, obwohl es jedes Mal aufregend ist. Wird es ein

Junge oder ein Mädchen? Wenn es nach mir ginge, kann es noch einmal ein Junge werden, damit die Frauen zu Hause nicht in der Überzahl sind. Wir haben nämlich schon zwei Mädchen und zwei Jungen. Die Mädchen heiraten heutzutage früh, geben dann ihren Beruf auf und sind für die Familie da. Und wer verdient dann unsere Rente? Was soll es denn bei ihnen werden?" Herr Goldmann sah Reinhard fragend an. Der hörte aber schon lange nicht mehr zu, war er doch vielmehr mit den Gedanken bei seiner Frau. Nur bei der letzten Frage war er wieder da.

„Ein Mädchen", antwortete er kurz, aber bestimmt. Dann verkroch er sich in eine andere Ecke des Wartebereiches.

Nach einer kurzen Zeit der Stille hörten beide Männer den kräftigen Schrei eines Babys. Ihre Blicke trafen sich, und es war fast so, als wäre jeder von beiden sicher, dass es sein Kind war, das gerade das Licht der Welt erblickte. „Herr Goldmann, kommen Sie. Ihre Frau möchte Ihnen Ihren kleinen Moritz zeigen", rief eine herannahende Hebamme ihm zu. „Ich habe Ihnen doch gesagt, dass es beim ersten Kind länger dauert." Mit diesen Worten verabschiedete sich Herr Goldmann von Reinhard und folgte mit wehenden Fahnen und voller Stolz der Hebamme. Ein Junge - sein Wunsch ging in Erfüllung!

Für Reinhard schien es schier endlos zu dauern, bis er dann nach weiteren zwei Stunden den erlösenden Schrei seines Babys vernahm. Eilends bewegte er sich Richtung Kreißsaal, als ihm die Hebamme bereits entgegenkam. Seltsam, schoss es ihm plötzlich durch den Kopf, bei all den Vorbereitungen und der Vorfreude haben wir uns gar keine Gedanken über einen Mädchen- oder Jungennamen gemacht. Na gut, das wird sich finden, dachte er. Jetzt betrat er erst einmal den Raum, in dem Maria seit zwölf Stunden kämpfte. Aller Schmerz war fast vergessen als sie erschöpft, aber überglücklich ihr erstes Kind in den Armen hielt.

Reinhard setzte sich staunend und etwas sprachlos neben sie. Ein Mädchen - ihrer beider Wunsch ging in Erfüllung. Beide betrachteten das kleine Wesen. Sie kamen aus dem Staunen kaum heraus. Die winzigen Füßchen, die kleinen Händchen, alles war dran – was für ein großes Geschenk! Während Maria und Reinhard ihre Augen nicht von der Kleinen lassen konnten, fragte die Hebamme nach dem Namen des Mädchens. Die Eltern sahen sich an und mussten fast lachen, als ihnen beiden gleichzeitig der Name Ulrike einfiel.
„Sie soll Ulrike heißen", gab Maria zur Antwort. Reinhard bekräftigte das: „Ja, wir nennen die Kleine Ulrike."
Nachdem er noch ein paar Augenblicke bei Maria und der Kleinen bleiben durfte, fuhr er stolz und ebenfalls überglücklich nach Hause. Am liebsten hätte er es laut hinausschreien wollen: „Ein Mädchen! Wir haben ein Mädchen, ein gesundes, süßes, kleines Mädchen!" Nun aber der Reihe nach, murmelte er vor sich hin. Zuerst die Schwiegermutter benachrichtigen, dann die Geschwister. Ach, und die Nachbarn. Reinhard musste sich eingestehen, doch etwas kopflos im Wohnzimmer hin und her zu laufen. Nun ja, es verfügten noch nicht alle Verwandten über ein Telefon. So machte er sich auf den Weg, fuhr zuerst zu der Schwiegermutter und brachte zumindest ihr die freudige Nachricht. Geburtsanzeigen wurden später sowieso verschickt.
Natürlich war auch Liesel, Marias Mutter, begeistert und konnte es kaum abwarten, den kleinen Nachwuchs selbst zu sehen. In den folgenden Jahren legte sich die Begeisterung; dazu später mehr.
Maria musste noch ein paar Tage im Krankenhaus bleiben. Das war so üblich, besonders bei einer Erstgebärenden. Reinhard hatte dafür Zeit, zu Hause noch die letzten Vorbereitungen zu treffen. Selbstverständlich musste auch ein großer Blumenstrauß her. Maria liebte Lilien und Freesien. Der Blumenhändler um die Ecke würde schon etwas

Schönes zusammenstellen. Reinhard ließ ihm da freie Wahl. Nur groß musste der Strauß sein.

Dann war es soweit, dass er Maria und die kleine Ulrike aus dem Krankenhaus abholen konnte.

Alles war jetzt auf einmal so ungewohnt und musste sich erst einspielen. Besonders die Nächte waren anstrengend, denn der Schlaf wurde immer wieder durch ein zaghaftes Weinen des Babys unterbrochen. Hatte es Hunger, fehlte ihm etwas? Maria und Reinhard konnten es noch nicht so genau einschätzen. Doch Reinhard beruhigte seine Frau, wenn ihre Ängstlichkeit die Oberhand gewinnen wollte. Zum Glück hatte er sich Urlaub genommen, den er aufgrund des bevorstehenden Ereignisses eine Weile vorher angespart hatte.

Ulrike entwickelte sich, zur Freude ihrer Eltern, prächtig und bei Maria und Reinhard stellte sich Routine ein. Sie lernten ihre kleine Tochter mehr und mehr kennen. Sie meinten zu merken, wie sich das Weinen unterschiedlich anhörte. Einmal bedeutete es Hunger oder die Windeln sollten gewechselt werden. Ein anderes Mal schien sie sich unwohl zu fühlen. Waren sich die Eltern unsicher, konnte ihnen der Kinderarzt weiterhelfen. Das erste Lebensjahr von Ulrike verging wie im Fluge.

Kapitel 2

Maria war eine vorbildliche Hausfrau. Die Wäsche kochte sie in einem großen Kessel auf dem Herd in der Küche aus. Zum Trocknen musste sie mit dem oft schweren Wäschekorb auf den Dachboden steigen. Das Bügeln machte ihr sogar manchmal Spaß, konnte sie dabei Ulrike beobachten, die in ihrem Laufstall saß, spielte und vor sich hin plapperte. Sprechen konnte man es noch nicht nennen. Die Wäsche wurde dann akkurat in den Schrank im Schlafzimmer gelegt. Wenn Reinhard abends von der Arbeit kam, stand pünktlich das Essen auf dem Tisch, das ihm meistens hervorragend schmeckte.
Alles in allem klang es für außenstehende Beobachter nach einem harmonischen Familienleben.
Manchmal überkamen Maria Zweifel darüber, ob sie auch glücklich sei. Zufrieden schon, denn sie hatte alles, was eine Frau in dieser Zeit - über zehn Jahre nach dem zweiten Weltkrieg - haben konnte: einen treusorgenden Ehemann, der beruflich ehrgeizig war und einigermaßen verdiente, eine kleine süße Tochter, ein Auto, eine warme Wohnung, alles außer ....? So genau wusste Maria es eigentlich gar nicht. Es spielte sich innerlich ab und war schwer in Worte zu fassen. Der Versuch, mit Reinhard darüber zu sprechen, brachte ihr nichts. Auf ihre Frage an ihn, ob *er* glücklich sei, bekam sie nur zur Antwort: „Schatz, wir können zufrieden sein. Wir haben doch alles, was wir zum Leben brauchen."
Damit nahm er seine geliebte Maria in den Arm, drückte sie, strich ihr liebevoll über die Wange und wandte sich wieder seiner Zeitung zu.
Das war es also, dachte Maria, glücklich sein heißt zufrieden sein!? Mit dieser Erklärung wollte sie sich zwar nicht abfinden, aber was sollte sie tun? Auf Dauer nicht glücklich

sein, war jedenfalls auch keine gute Idee. So ging Maria zunächst weiterhin ihrer gewohnten Hausarbeit nach und freute sich über "zufriedene" Momente mit ihrer kleinen Ulrike. Sie liebte ihr erstes Kind über alles und spürte ein Wohlbehagen, wenn Ulrike auf ihre Arme wollte und sich selbst an ihre Mutter kuschelte.

Wenn Reinhard es als leitender Angestellter in einer großen Elektromotorenfabrik einrichten konnte, hin und wieder Samstags frei zu machen, organisierte er mit der Familie kleine Ausflüge. Diese führten sie hinaus aus der Großstadt Berlin ins ländliche Umland. Dort fühlten sich alle drei wohl. Die Eltern beobachteten Ulrike, wie sie mit ihren kleinen Beinchen über die Wiesen hopste, hier und da ein Gänseblümchen pflückte und es dann stolz ihren Eltern brachte. Diese kleinen Oasen im sonst durchorganisierten Alltag bedeuteten Glück. Das empfand auch Maria teilweise so.

Maria hatte keinen Beruf erlernt. Ihre Mutter war sehr streng und zudem der Ansicht, Mädchen würden sowieso früh heiraten und sollten sich dann um Mann und Kinder kümmern. So arrangierte sie sich mit ihren häuslichen Pflichten und ging auf in der Erziehung ihrer Tochter. Es war deshalb nicht verwunderlich, dass sich Maria nach weiterem Nachwuchs sehnte, nachdem Ulrike aus dem Gröbsten heraus war, wie man so schön sagt.

Auch Reinhard war der Meinung, seine Tochter solle kein Einzelkind bleiben.

Kapitel 3

Tatsächlich war es bald soweit, und Ulrike bekam im Jahr 1959 ein Brüderchen. Reinhard war natürlich stolz, dass ein Stammhalter geboren wurde, und Maria freute sich darüber, jetzt ein Geschwisterpärchen zu haben. Sie nannten den Kleinen Michael. Er war ein properer Junge und gesund. Ulrike war während des Krankenhausaufenthaltes ihrer Mutter bei Oma Liesel in Obhut, weil ihr Vater noch arbeiten ging. Er wollte sich erst Urlaub nehmen, wenn die Familie zusammen war.
„Oma, Oma, wann kommt Mama und bringt das Baby mit?", fragte Ulrike immer wieder.
Liesel war eine strenge und distanzierte Oma. Keine, mit der man kuscheln konnte. Sie war früh Witwe geworden und damals selbst mit ihren drei Kindern überfordert. Das Gefrage ihrer kleinen Enkeltochter ging ihr mittlerweile auf die Nerven. Noch eine Nacht schlafen, dann kann ich den kleinen Quälgeist wieder abgeben, dachte sie bei sich.
„Noch einmal schlafen, dann kannst du wieder zurück zu deinen Eltern." Den Rest ihres Gedankens behielt sie natürlich für sich.
Als Maria mit dem kleinen Michael aus dem Krankenhaus nach Hause kam, rannte Ulrike ihnen aufgeregt entgegen. „Micha!?, Micha!?" Sie kürzte den Namen, den sie bereits vorher schon von ihrem Vater erfuhr, ab. Staunend und doch etwas fragend sah sie die Eltern an. Einerseits wollte sie ihren Bruder am liebsten gleich knuddeln oder ihm wenigstens einen Kuss zur Begrüßung geben. Andererseits wich sie erschrocken zurück, als dieser plötzlich anfing zu schreien. Ulrike dachte, alle Babys seien wie ihre Puppe Berta: sie lächeln, klimpern hin und wieder mit den Augen

und sind sonst ganz ruhig. Maria und Reinhard erklärten ihrer Tochter, dass Michael nur schrie, weil er inzwischen Hunger und höchstwahrscheinlich volle Windeln hatte. Schließlich konnte er ja noch nicht sprechen. Deshalb äußerten sich Babys durch Weinen. Ulrike schien das zwar zu verstehen, verlor aber in diesem Moment so ein bisschen das Interesse an dem Neuankömmling. Sie widmete sich lieber wieder ihrer ruhigen Puppe Berta.

Reinhard hatte sich zwei Wochen Urlaub genommen. Er konnte seine Frau zumindest mit Einkaufsfahrten und Besorgungen unterschiedlichster Art unterstützen, da er ansonsten für Hausarbeit zwei linke Hände hatte. Außerdem war das seiner Überzeugung nach sowieso Frauenarbeit. Maria war das ja gewöhnt. Von daher machte es ihr nichts aus, obwohl sie abends oft sehr müde nur noch so ins Bett fiel, nachdem sie vorher bereits die erste Runde im Wohnzimmer auf der Couch schlief.

Hinzu kam, dass Ulrike zusätzlich die Aufmerksamkeit der Mutter verlangte. Es fiel Maria oft leider nicht leicht, auch ihr gerecht zu werden. So ging es tagaus, tagein. Marias Organisationstalent war immer wieder gefordert. Letztendlich überwog jedoch die Freude an den beiden Kindern, die so manche Unzufriedenheit vergessen ließ.

Eines Tages überraschte Reinhard seine Frau mit der ersten Waschmaschine im Haushalt. Inzwischen war Michael allerdings fast drei Jahre alt und brauchte so gut wie keine Windeln mehr, die gewaschen werden mussten. Trotzdem war es eine Erleichterung für Maria, und sie freute sich sehr darüber, denn die übrige Wäsche von vier Personen war nicht gerade wenig. Der Alltag bestimmte überwiegend das Familienleben. Reinhard verdiente zwar nicht schlecht, aber immerhin waren vier Personen zu versorgen. So blieb es bei den kleinen Ausflügen an manchen Wochenenden aufs Land, da Urlaubseisen noch nicht finanzierbar waren. Hin und

wieder fuhr die Familie zu Verwandten, die alle ziemlich entfernt wohnten, sodass es jedes Mal einen ziemlichen Aufwand bedeutete. Sachen einpacken, lange Autofahrt mit quälenden Kindern - all das wollten Maria und Reinhard sich nicht antun, solange die Kinder noch klein waren.
Reinhards Eltern lebten nicht mehr, und Marias Mutter Liesel war über Kinderbesuch nicht sonderlich erfreut, was Ulrike und Michael natürlich spürten und daher nicht mehr zu ihrer Oma wollten. Sie spielten gerne beide zusammen, obwohl Ulrike natürlich Puppen und Michael Autos bevorzugte. Aber irgendetwas ließ sich auch gemeinsam finden.

Kapitel 4

Für Ulrike nahte ein großer Tag. Es war ihre Einschulung. Maria hatte alles prima vorbereitet. Zuerst ging sie mit ihrer Tochter ein schönes Kleid kaufen. Ulrike hatte da schon ihre eigenen Vorstellungen. Es sollte rot sein mit ganz wenig Spitze an den kurzen Puffärmeln und am Saum. Dazu wollte sie weiße Kniestrümpfe und schwarze Lackschuhe anziehen. Maria bremste sie ein wenig: „Ulrike, wir gehen nicht zu einer Hochzeitsfeier. Außerdem kann es im April noch ziemlich kalt sein. Wir müssen da einen Kompromiss finden."
„Aber Mama, die Lackschuhe möchte ich auf jeden Fall anziehen", erwiderte Ulrike, deren Augen schnell feucht wurden. „Gut, die Lackschuhe sind genehmigt, aber keine Kniestrümpfe, sondern eine lange Strumpfhose und ein Kleid mit langen Ärmeln", bestimmte Maria letztendlich. Ulrike war für ihr Alter etwas zierlich gebaut, und so bedurfte es einiger Anläufe, bis das passende Outfit gefunden war. Nun war noch die Schultüte mit entsprechendem

Inhalt zu füllen, was natürlich ohne Ulrike geschah.
Beim Befüllen der Schultüte dachte Maria, wie schnell doch die letzten gut sechs Jahre vergangen waren. Hatte sie nicht gerade erst ihre Tochter geboren? Und nun musste sie sie das erste Mal loslassen und einer anderen Person - der Lehrerin, dem Lehrer - anvertrauen. Sie wünschte ihrer Tochter jedoch einen guten Start und war gespannt, wie sich alles entwickeln würde.
Hatte sie selbst doch keine guten Erfahrungen mit Schule und Lernen gemacht. Mitten in ihrer Grundschulzeit begann der Krieg. Daher fiel im Laufe dieser schrecklichen Jahre der Unterricht oft aus. Maria war traurig darüber, denn sie war wissbegierig, fragte, so oft es ging ihren Lehrern Löcher in den Bauch und wollte gerne einen interessanten Beruf erlernen. Doch, wie schon erwähnt, hielt ihre Mutter nicht viel davon, sodass es nur ein großer Traum blieb. Somit war es natürlich nicht verwunderlich, dass Maria ihrer Tochter bessere Zeiten wünschte.
Endlich war es soweit. Der 1. April 1962 war ein angenehmer Frühlingstag. Ulrikes schwarze Lackschuhe glänzten in der Sonne besonders schön. Wegen des noch ein wenig frischen Windes waren aber die lange Strumpfhose und das langärmelige Kleidchen angemessen.
Auf dem Schulhof versammelten sich viele Erstklässler mit ihren Eltern und teilweise Großeltern. Da es ein Samstag war, konnten sie alle an diesem großen Ereignis teilnehmen, denn inzwischen wurde die 5-Tage-Arbeitswoche eingeführt. Ulrike war besonders aufgeregt.
„Bin ich jetzt erwachsen?", fragte sie stolz, die Schultüte fest in beiden Händen haltend, ihre Eltern.
„Na ja, das dauert noch ein bisschen, aber es beginnt ein weiterer Schritt auf dem Weg dorthin", versuchte Reinhard ihr zu erklären. Nach und nach durften dann alle Kinder mit ihren Angehörigen das Schulgebäude betreten. Sie versam-

melten sich zunächst in der Aula. Dort fand ein kleines Begrüßungsprogramm statt, das unter anderem Schüler der älteren Jahrgänge gestalteten. Im Anschluss daran wurden die Kinder von den Lehrerinnen und Lehrern in ihre jeweiligen Klassenräume geführt. Ulrikes Lehrerin hieß Frau Rogall - eine freundliche, nicht mehr ganz junge Frau, die den Kindern sehr zugewandt war. Man könnte sagen, eine Lehrerin aus Berufung. Ulrike setzte sich spontan in die erste Bankreihe. Neben sie setzte sich ein weiteres Mädchen. Beide sahen sich schüchtern an.
„Wie heißt du?", machte Ulrike den Anfang der Vorstellung. „Ich heiße Theresa. Und wie heißt du?", kam die Gegenfrage. „Ich heiße Ulrike, und ich habe einen Bruder, der heißt Michael. Meine Mama heißt Maria und mein Papa Reinhard", vervollständigte sie ihrerseits die Vorstellung mit einem Lächeln im Gesicht und den Blick anschließend auf die Lehrerin gerichtet. Frau Rogall verteilte Stifte und kleine Zettel, auf die die Kinder ihre Vornamen schreiben sollten. Danach sollten sie die Zettel gefaltet vor sich auf den Tisch stellen, damit Frau Rogall sich die Namen ihrer Schüler einprägen konnte. Leider konnten nicht alle Kinder ihren Namen schreiben. Für Frau Rogall war das nicht ungewöhnlich. Sie fragte die Kinder und schrieb deren Namen dann selbst auf. Nachdem sie anschließend die Stundenpläne ausgab, verabschiedete sie die Kinder mit einem freundlichen: „Bis Montag" und wünschte ihnen ein schönes Wochenende.
Ulrike und Theresa gingen gemeinsam hinaus und steuerten direkt auf ihre Eltern zu, die zufällig beieinanderstanden.
„Mami, Mami, das ist Ulrike, und die hat so schöne Lackschuhe an. Solche möchte ich auch haben." Theresas Eltern begrüßten Ulrike freundlich und bemerkten, dass sie sogar unbewusst neben deren Eltern standen, da diese sogleich Ulrike in die Arme schlossen. Dabei bekam zwar die Schultüte, die Ulrike immer noch fest in ihren Händen

hielt, eine ganz schöne Delle, aber das tat der Freude keinen Abbruch.

„Mama, Papa, das ist Theresa, und wir sitzen beide nebeneinander in der ersten Bankreihe", klärte Ulrike ihre Eltern auf. Es schien, als hätten sich zwei Mädchen gefunden - der Anfang einer dicken Freundschaft.

Oma Liesel stand mit ihrem Enkel Michael während der ganzen Zeit etwas abseits. Sie fand den Rummel, den man um die Einschulung der Kinder machte, reichlich übertrieben. Zu ihrer Zeit .....na ja, das ist ein anderes Thema.

Michael konnte mit alledem noch nicht viel anfangen. Als man ihm aber erzählte, dass seine große Schwester ab sofort vormittags ein paar Stunden in der Schule sein würde, hoffte er, die Aufmerksamkeit seiner Mutter würde sich nun, zumindest in dieser Zeit, nur auf ihn richten. Das ganze Wochenende war allerdings erst einmal geprägt von dem Ereignis der Einschulung. Das wurde mit Ulrikes Lieblingsessen - Nudeln mit kleingeschnittener Jagdwurst in Tomatensoße - gefeiert. Zum Kaffee überraschte Maria ihre Tochter mit deren Lieblingskuchen, einem Kirschstreusel mit ganz viel Sahne oben drauf.

In der Woche danach begann für Ulrike der Schulalltag. Das hieß, morgens rechtzeitig aufstehen, gut frühstücken, ohne zu trödeln, damit man pünktlich zur Schule kam. Maria musste da schon ein bisschen nachhelfen, aber eigentlich spielte sich alles bald gut ein.

Michael genoss vormittags die Zeit allein mit seiner Mutter, obwohl diese natürlich pflichtbewusst weiter ihrer Hausarbeit nachging. Sie verstand es, ihren Sohn dabei spielerisch mit einzubinden. So wusste Michael bald, wo sich Wäscheklammern sowie Handfeger und Müllschippe befanden.

„Das ist keine gute Idee", korrigierte Reinhard seine Frau, als er mitbekam, wie seine Frau den Kleinen mit einspannte. „Michael ist ein Junge und soll wie ein Junge behandelt werden, nicht wie ein Ersatz für eine Haushaltshilfe! Was hast du dir bloß dabei gedacht?", herrschte er Maria voller Entsetzen an. Maria fand Reinhards Auftritt völlig überzogen, wagte es jedoch nicht, ihm zu widersprechen. Sie zog sich in die Küche zurück. Reinhard schnappte sich derweil seinen Sohn und spielte mit ihm mit dem Feuerwehrauto. Das hatte er Michael geschenkt, während Ulrike die große Schultüte bekam. Michaels Augen strahlten. Wahrscheinlich spürte er im Unterbewusstsein, das es einen Unterschied gab zwischen dem "Spielen" mit seiner Mutter und dem Spielen mit seinem Vater. Daher freute er sich immer auf die Zeit, wenn sein Vater abends vor Michaels Zubettgehen noch Zeit ganz allein mit ihm verbrachte. Maria war dann eher dafür zuständig, Michael am Bett eine Gute-Nacht-Geschichte vorzulesen und manchmal mit einem Lied in den Schlaf zu singen.

Bei Ulrike investierte sie Zeit, ihr bei den Hausaufgaben zu helfen. Ulrike ging gerne in die Schule, war fleißig beim Lernen, fertigte ihre Hausaufgaben gewissenhaft an und brachte somit eine gute Zensur nach der anderen nach Hause. Die Lehrer mochten sie, und sie mochte, hmm, na ja, nicht alle Lehrer, aber der Mathematiklehrer hatte es ihr angetan. Sein Unterricht begeisterte sie.

Es stellte sich heraus, dass Theresa, ihre Klassenkameradin und inzwischen beste Freundin, ganz in der Nähe wohnte. So konnten die beiden sich gegenseitig nachmittags besuchen und miteinander spielen. Sogar Theresas und Ulrikes Eltern freundeten sich ein wenig an, sodass man manchmal gemeinsame Familienausflüge plante und durchführte. Michael gefiel das anfangs weniger, aber mit der Zeit fand er es ganz lustig, die beiden Mädchen etwas zu ärgern, wobei ihn sein Vater heimlich unterstützte. Das durfte natürlich niemand mitkriegen, sonst hätte es Ärger mit den Müttern gegeben.

Der Sommer kam, und es gab die ersten Schulferien.

Theresas Eltern verreisten mit ihr für drei Wochen nach Österreich.
Ulrikes Eltern schafften es nur, mit ihren Kindern zehn Tage zu Verwandten zu fahren.
Die beiden Mädchen waren inzwischen so unzertrennlich, dass sie es kaum abwarten konnten, sich wiederzusehen und auch gemeinsam zur Schule gehen zu können. Erstaunlich, aber sechs Wochen Ferien waren ihnen einfach zu lang.
Die Monate vergingen. Das Jahr neigte sich dem Ende entgegen. Außer der Einschulung von Ulrike war es kein aufregendes Jahr. Die Familie blieb gesund, Reinhards Arbeitsplatz war ihm sicher. Eigentlich gab es keinen Grund zur Sorge, geschweige denn zum Klagen.
Wäre da nicht Marias Frage nach dem Glücklichsein, die in Abständen immer wieder aufbrach. Wie bereits vor längerer Zeit, versuchte sie noch einmal, Reinhard darauf anzusprechen.
„Bist du glücklich?", fragte sie ihn in einer stillen Minute, als sie beide aneinander gekuschelt bei einem Glas Rotwein abends auf der Couch saßen. Ein wenig verdutzt schaute er seine Frau an, weil er sich an die Frage erinnerte.
„Aber Maria, wir haben doch alles. Schau, wir haben zwei prächtige Kinder - ein Mädchen und einen Jungen - so, wie wir es uns gewünscht haben. Sie sind gesund, wir sind gesund. Wenn mein Chef der Gehaltserhöhung zustimmt, können wir im nächsten Sommerurlaub auch verreisen. Es geht uns gut. Wir können doch zufrieden sein."
„Na klar bin ich zufrieden, Reinhard, aber ist das alles? Gibt es da nicht noch mehr?", entgegnete Maria. Und letztendlich fühlte sie sich wieder nicht verstanden. Da es inzwischen spät geworden war und der Wecker am nächsten Morgen sie wieder erbarmungslos früh wecken würde, gingen beide zu Bett. Maria konnte allerdings nicht so schnell einschlafen. Ihr gingen noch viele Gedanken durch den Kopf. Sie fühlte

sich mit ihrer Frage nach dem Glück einsam. Warum konnte ihr Mann sie nicht verstehen? Warum versuchte er es in ihren Augen nicht wenigstens einmal? Maria drehte sich im Bett von einer Seite auf die andere, bis der Schlaf dann doch siegte. Für Reinhard dagegen war das Thema, das seine Frau beschäftigte, abgeschlossen, was ihm das Einschlafen erleichterte.

Kapitel 5

Es war soweit. Auch für Michael stand die Einschulung bevor. Sie fand an einem warmen Samstag im Frühjahr 1965 statt. Beide Eltern und Oma Liesel begleiteten Michael, der so aufgeregt war, dass er fast seine Schultüte, die Maria genauso gut gefüllt hatte, wie die ihrer Tochter damals, vergessen hätte. Ulrike gehörte zu dem älteren Schuljahrgang, der das festliche Programm in der Aula mitgestaltete. Alles klappte hervorragend. Schon bald danach wurden die Erstklässler von ihren Lehrerinnen oder Lehrern in die jeweiligen Klassenräume geführt. Für Michael war es keine Option, sich in die erste Bankreihe zu setzen, so wie es Ulrike ihm von sich erzählt hatte. Er bevorzugte eher das Mittelfeld. Thomas, ein lustiger Junge mit einer kleinen Stupsnase, setzte sich neben Michael. Auch er hatte eine ältere Schwester, wie sich schnell herausstellte. Sie ging zufällig in Ulrikes Klasse.

Der Lehrer stellte sich als Herr Brauner vor, begrüßte die Kinder freundlich und erklärte ihnen das weitere Prozedere für die nächsten Tage. Nach der Ausgabe der Stundenpläne wurden sie auch schon entlassen. Sie stürmten zu ihren Familien hinaus, die sich auf dem Schulhof ein wenig bekannt machten. Ulrike hingegen hatte noch weiter Unterricht und stieß erst später zu den Feierlichkeiten zu Hause dazu. Michael stand an diesem Tag natürlich im Mittelpunkt, was ihm anscheinend ganz gut tat, denn er strahlte über das ganze Gesicht. Begeistert erzählte er von seinen Plänen, gut und schnell lernen zu wollen, um dann Feuerwehrmann zu werden. Nun ja, die Erwachsenen hörten gelassen zu und bremsten Michael keineswegs. Wussten sie doch, dass er noch einen weiten Weg bis dahin vor sich hatte.

Oma Liesel, die nur gezwungenermaßen an der Einschulungfeier teilnahm, weil sie den ganzen Rummel immer noch für überflüssig hielt, verabschiedete sich nach dem Abendbrot. Maria, Reinhard und die Kinder ließen den aufregenden Tag ausklingen und gingen bald froh und zufrieden zu Bett.

Michael fand sich relativ schnell in den Schulalltag und den Rhythmus von früh aufstehen, zur Schule gehen, lernen und Hausaufgaben machen ein. Vorbild in diesen Sachen wurde immer mehr die große Schwester. Hin und wieder half sie ihm, wenn er einmal im Rechnen nicht so vorankam. Für sie war es ihr Lieblingsfach. Aber auch sonst war sie recht gut in der Schule. Die Zeugnisnoten konnten sich blicken lassen, was die Eltern mit einem Zuwachs in der Spardose belohnten. Michael spornte das an, sodass seine Leistungen denen von Ulrike glichen. Maria und Reinhard waren stolz auf ihre Kinder.

Ulrike und Michael waren bei ihren Klassenkameraden und Lehrern beliebt. Auch ihre jeweiligen Freundschaften zu Theresa bzw. Thomas wurden immer enger. Ulrike und Theresa entwickelten eine Art Geheimsprache. Eine Mischung aus den ersten Brocken Englisch, das in der Schule gelehrt wurde, und einem Wirrwarr von zusammengesetzten Silben, die ihnen gerade so einfielen. Hauptsache, sie verstanden sich selbst irgendwie und konnten sich von den neugierigen "kleinen Jungs" abgrenzen. Zunehmend fühlten sie sich von Michael und Thomas genervt, die ihnen manchmal hinterherspionierten und sie durch angeblich witzige Streiche ärgerten.

Maria machte es Freude, ihre Kinder glücklich zu sehen. Sie waren noch so unbefangen und konnten so ausgelassen sein. Wenn sie das doch nur von sich selbst sagen könnte, aber insgeheim lag eine Art Traurigkeit oder Melancholie auf ihrer Seele. Sie wusste nicht, wie sie es beschreiben sollte und schon gar nicht, woran es lag. Manchmal versuchte sie es dann, bruchstückhaft in Worte zu fassen, um mit Reinhard darüber ins Gespräch zu kommen. Letztendlich aber hatte sie den Eindruck, ihr Mann würde sich nicht in sie hineinfühlen können.

Eines Tages vertraute sich Maria Theresas Mutter an. Über die letzten Jahre hatte sich eine Freundschaft zwischen den beiden Paaren entwickelt. Besonders die beiden Frauen hatten einen guten Draht zueinander, sodass Maria keine Hemmungen hatte, Gerlinde einzuladen. „Maria, was ist los? Du siehst nicht gut aus." „Gerlinde, ich weiß nicht, setz dich erst einmal. Möchtest du einen Tee? Darf ich dir einen Kaffee machen? Oder möchtest du lieber etwas Kaltes trinken?" Maria wurde jetzt etwas nervös und unsicher. „Ja, ein Tee wäre mir lieber. Ist egal welche Sorte.", antwortete Gerlinde. Sie war natürlich gespannt und neugierig, warum Maria sie alleine einlud und mit ihr sprechen wollte.

„Gerlinde, vielleicht ist es banal. Ich weiß nicht so richtig. Vielleicht verstehst du mich ja auch nicht", stotterte Maria, saß unruhig auf ihrem Sessel und blickte ihre Freundin verlegen an. „Nun rück schon heraus mit der Sprache. Wir kennen uns bereits eine Weile. Mir kannst du alles sagen." „Na ja, Gerlinde, ich bin nicht glücklich. Ehrlich gesagt, ich bin unglücklich, und mein Mann versteht das nicht. Er sagt immer: „Wir können doch zufrieden sein. Wir haben alles,

was wir uns gewünscht haben und sind gesund." Aber, Gerlinde, da muss es doch noch mehr geben, oder bilde ich mir das nur ein?" Maria schaute Gerlinde fragend und mit einem Blick an, der auf eine erlösende Antwort wartete. „Glücklich war ich immer dann, wenn unsere Kinder geboren wurden. Aber ich wusste, das sind die Hormone und die ließen bald wieder nach", fügte Maria noch hinzu. Gerlinde war innerlich fast erleichtert, dass es in ihren Augen nichts Schlimmeres war, was Maria bewegte. Und trotzdem tat sie ihr sehr leid, weil sie Maria ansah, wie es sie umtrieb. Gerlinde überlegte einen Moment, während sie Schluck für Schluck den Tee trank. Sie wollte ihre Freundin nicht einfach mit ein paar Floskeln abweisen.
„Maria ich weiß nicht, wie deine Kindheit war. Konntest du so richtig ausgelassen sein? Warst du *da* glücklich? Ich weiß, es waren teilweise die Kriegsjahre, aber vielleicht kannst du dich doch an glückliche Momente erinnern." „Oh, Gerlinde, du kanntest meine Eltern nicht. Sie waren ziemlich streng. Ich bin versucht zu sagen, für Emotionen war kein Platz. Manchmal weinte ich abends heimlich unter der Bettdecke, weil meine Mutter mir keinen Gute-Nacht-Kuss gab und ich darüber traurig war. Mein Vater war sehr diszipliniert und sachlich. Da wurde nicht diskutiert, wie es heute eher üblich ist. Die Kinder hatten zu gehorchen, und das auf Anhieb. Meine Mutter wurde früh Witwe und war mit uns Kindern überfordert. Ich habe noch zwei Geschwister. Bei uns musste alles seinen geregelten Gang gehen. Einen Beruf durfte ich nicht erlernen, hieß es doch, ich würde sowieso früh heiraten und mich dann um Mann und Kinder kümmern. Letztlich war es dann ja auch so. Ich liebe meinen Mann und die beiden Kinder. Aber gibt es da nicht mehr?", wiederholte Maria ihre Frage. Gerlinde staunte über Marias Offenheit und wollte sie keineswegs enttäuschen. Jedoch überlegte sie, was sie ihr raten könnte. „Maria, vielleicht solltest du einmal

irgendetwas Verrücktes tun", fiel ihr spontan ein. „Etwas Verrücktes? Na, was kann das sein?", entgegnete Maria. „Tu etwas für dich! Lass einmal alles stehen und liegen und verreise für drei oder vier Wochen, oder solange, wie du es brauchst", forderte Gerlinde sie heraus. „Ich? Alleine? Nie im Leben. Wohin denn?" Maria sah Gerlinde ungläubig an. „Ja, du musst mal raus aus deiner Alltagsroutine. Dieses Einerlei scheint dir nicht zu bekommen. Pfeif auf die Familie." Gerlinde meinte Letzteres nicht wirklich so drastisch. Dennoch wollte sie Maria ein wenig aus der Reserve locken. „Oder gibt es da noch etwas, was dich bedrückt? Ist alles in Ordnung zwischen dir und Reinhard?" Gerlinde wagte sich mit dieser Frage weit hinaus.

„Reinhard ist ein treusorgender Ehemann. Er liebt mich und seine Kinder. Aber ich empfinde ihn auch irgendwie als oberflächlich. Er ist mit allem zufrieden, und damit hat es sich. Außerdem denke ich manchmal, er verheimlicht mir etwas. Ich komme nicht wirklich an ihn heran." Maria war den Tränen nahe, als sie versuchte, ihre Gedanken in Worte zu fassen. Gerlinde legte ihren Arm um Marias Schultern. „Überlege dir meinen Vorschlag. Und wenn du nicht alleine wegfahren willst, kann ich dich ja eventuell, zumindest die erste Woche, begleiten. Dann machen wir es uns so richtig schön! Ehrlich gesagt, täte mir das auch mal ganz gut." Maria kam ein wenig auf den Geschmack. Die Idee klang verlockend. Trotzdem sah sie Gerlinde weiterhin etwas zweifelnd an.

„Danke, Gerlinde, dass du mir zugehört und mich ernst genommen hast. Ich überlege es mir und gebe dir Bescheid." Gerlinde verabschiedete sich und war gespannt, ob und wie Maria sich entscheiden würde. Maria fühlte sich nach dem Gespräch ein bisschen gelöster, obwohl ihr noch viele Gedanken durch den Kopf gingen. Was würde Reinhard dazu sagen, wenn ich die Familie hier für ein paar Wochen im Stich ließe, dachte sie. Aber was heißt, im Stich lassen? ch käme doch wieder und ... na ja, erst einmal abwarten. Maria schob eine Entscheidung immer weiter vor sich her. Worauf wartest du noch, hörte sie derweil eine innere Stimme fragen. Doch es verging Woche um Woche und Monat um Monat. Gerlinde traute sich gar nicht mehr nachzufragen und bedauerte ihre Freundin nur von ferne. Die gemeinsamen Ausflüge der beiden Familien wurden nämlich weniger, weil Maria sich immer mehr zurückzog. Die Kinder beider Familien hatten allerdings weiterhin ihren Spaß und spielten gerne zusammen.

Die beiden Mädchen, Ulrike und Theresa, wechselten inzwischen zum Gymnasium und befanden sich außerdem in der Pubertät. Gerlinde konnte als Mutter damit gelassener umgehen. Für Maria als Mutter war es jedoch eine Herausforderung, die sie teils an ihre Grenzen brachte. Sie sah es sehr verbissen, wenn Ulrike sich ihr permanent widersetzte oder entzog, Heimlichkeiten hatte oder aufmüpfig wurde, wie sie es beschrieb.

„Warst du nie deiner Mutter oder den Eltern gegenüber aufmüpfig?", wurde Maria von Gerlinde gefragt, als sie sich einige Zeit später wieder einmal trafen und sich darüber unterhielten. „Vielleicht ist es das, was dir damals und bis heute fehlt. Immer die Brave und Angepasste sein, die ihre Pflichten erfüllt, damit wird man aus meiner Sicht nicht glücklich." Gerlinde ahnte, dass sie Maria mit dieser Äußerung provozierte, aber sie wollte ihr auf keinen Fall weh tun. *Das* traf Maria jedoch an ihrem wunden Punkt. Ihr fiel das Gespräch ein, das sie vor längerer Zeit mit Gerlinde führte, und ihr wurde klar, dass auch sie es nicht vergessen hatte. Nun war es soweit, und Maria kam an einen Punkt, an dem sie sich entscheiden musste. Entweder so weitermachen und in der Familie tun als sei nichts, oder doch endlich einmal "ausbrechen". Maria entschied sich für Letzteres, was

sie sogleich Gerlinde berichtete.
„Gerlinde, ich habe mich entschieden. Kannst du mir helfen? Ich möchte unbedingt in die Berge, frische Luft, nicht ständig den Stadtmief einatmen und viel wandern. Wenn möglich, auf den höchsten Berg in Süddeutschland und genießen, was sich sonst noch so bietet. Aber...", und dabei stockte sie merklich, „ich habe auch Angst davor. Was ist, wenn mich all das nicht glücklich macht?"
„Maria, du hast es noch gar nicht ausprobiert und schreckst jetzt schon zurück. Komm, ich helfe dir beim Start", entgegnete Gerlinde mutmachend und freute sich insgeheim, selbst einmal ohne Familie rauszukommen.
„Nun müssen wir es noch unseren Männern beibringen, und das mit den Kindern kriegen wir auch geregelt. Die Mädchen haben ja lange Schultage, und euer Michael kann nach der Schule mit Thomas zu uns kommen. Ich werde meine Mutter bitten, wenigstens eine Woche für die Kinder zu sorgen. Das wird sich leicht machen lassen. Sie wohnt zum Glück in der Nähe." Gerlinde war bereits enthusiastisch dabei zu organisieren, wobei sie sogar Maria mitriss. Am Abend des nächsten Tages passte Maria nämlich tatsächlich eine gute Gelegenheit ab, um Reinhard von ihren Plänen zu erzählen. Entgegen ihrer Befürchtung reagierte ihr Mann zunächst eher gelassen.
„Das finde ich eine gute Idee, mein Schatz. Gönn dir eine Woche Auszeit. Vielleicht tut das auch deinem Verhältnis zu Ulrike gut." So wie Reinhard das sagte, spürte Maria wieder, dass er sie nicht wirklich verstand. „Reinhard... hmm... eine Woche? Ich denke, das könnte länger dauern", fügte Maria zaghaft hinzu. Einen Rückzieher wollte sie auf keinen Fall machen, tat sie sich mit ihrer Entscheidung sowieso nicht ganz leicht.
„Wie lange meintest *du* denn?", fragte Reinhard zurück.
„Das weiß ich nicht genau", ihre Stimme wurde erst immer

zaghafter. Doch dann kam es wie aus der Pistole geschossen: „Bis ich glücklich bin." Maria erschrak selbst über ihre Äußerung, ließ es sich aber nicht anmerken.

„So, du bist also hier bei mir und den Kindern nicht glücklich!" Reinhards Stimme kippte. Er schien sich nicht nur zu wundern, sondern langsam zu ärgern.

„Du hast doch alles und kannst zufrieden sein. Ich habe doch auch versprochen, dass wir uns demnächst größere Urlaube leisten können. Was ist nur mit dir los?" Da war es wieder; dieses Stichwort "Zufriedenheit". Dass es Maria genau darum nicht ging, konnte Reinhard offenbar weiterhin nicht verstehen. Maria blieb bei ihrer Entscheidung. Sie hoffte, Reinhard etwas zu besänftigen, wenn sie ihm erklärte, dass für Michael tagsüber gesorgt sei.

„Ulrike ist selbständig genug. Sie hat außerdem einen langen Schultag und kann sich danach eine Kleinigkeit zu essen machen. Vielleicht kannst du ausnahmsweise einmal bei euch in der Kantine essen. Übrigens, wenn es dich beruhigt, Gerlinde und ich fahren gemeinsam weg." Reinhard verstand die Welt nicht mehr.

„Du hast also bereits alles organisiert und vorbereitet, ja? Ohne mich zu fragen. Lieber sprichst du mit Gerlinde darüber. Und jetzt fahrt ihr auch noch gemeinsam weg. Habt ihr euch gegen uns Männer verbündet? Was sagt eigentlich Ulrich zu der ganzen Sache? Lässt er seine Frau einfach so ziehen? Und außerdem was heißt, für Michael ist gesorgt?" Reinhard wusste absolut nicht, mit der Situation umzugehen und fühlte sich regelrecht übergangen.

„Gerlindes Mutter wohnt bei ihnen in der Nähe und Michael kann nach der Schule mit zu Thomas gehen. Die Oma versorgt dann die beiden, bis ihr Väter abends von der Arbeit kommt." Maria wollte es Reinhard so plausibel wie möglich erklären. Aber als sie noch zugab, dass Gerlinde sie höchstwahrscheinlich nur eine Woche begleiten würde, platzte Reinhard der Kragen.

„Das ist unmöglich. Das gibt es nicht. Eine Woche ist in Ordnung, aber dann kommst du gefälligst wieder nach Hause. Wer weiß, was dir noch alles einfällt. Übrigens, wo wollt ihr eigentlich hin?" Es war sonst nicht Reinhards Art, in diesem Ton mit seiner Frau zu reden. Offensichtlich war es darauf zurückzuführen, dass er über Marias Plan ziemlich verwundert und erschrocken war.

„Ich möchte einmal die Bergluft schnuppern und wandern, soweit mich die Füße tragen." Maria versuchte, mit überzeugender Stimme zu antworten. Reinhard sollte nicht merken, wie ihr das Herz pochte und sich innerlich Unsicherheit breitmachte. Bloß nicht weich werden und einen Rückzieher machen, dachte Maria bei sich und blieb bei ihrer Entscheidung. Das Gespräch fand einen abrupten Abschluss und beide gingen zu Bett.

Am nächsten Tag berichtete Maria ihrer Freundin vom Vorabend. Gerlinde war einigermaßen erstaunt, dass Reinhard so streng mit Maria umging.

„Ich habe Ulrich von unserem Vorhaben erzählt. Er ist damit einverstanden. Zum Glück versteht er sich ausgezeichnet mit meiner Mutter und ist daher überzeugt, dass sie ihn, Thomas und Michael gut versorgen wird. Nun lass uns loslegen, Maria", drängte Gerlinde etwas. Maria blieb jetzt auch hartnäckig. Sie weihte vorsichtig ihre Kinder ein. Ulrike schien es nicht sonderlich zu interessieren. Sie war eher froh, mal Abstand von ihrer Mutter zu haben. War doch ihre Beziehung zur Zeit sowieso ziemlich angespannt. Und Michael? Er freute sich, mal ausgiebig mit Thomas zusammen spielen zu können.

Kapitel 6

Die beiden Frauen planten ihre Reise ins Allgäu, suchten sich die beste Zugverbindung sowie ein kleines Hotel heraus und buchten beides zunächst für eine Woche. Die Vorfreude wuchs besonders bei Maria. Der Frühling stand vor der Tür. Die beste Jahreszeit zum Wandern, dachte Maria bei sich. Was packe ich alles ein? Für wie viel Wochen muss alles reichen? Mache ich das hoffentlich richtig? In ihrem Kopf fuhren die Gedanken Karussell. Nein, ich bleibe bei meiner Entscheidung, musste Maria sich immer und immer wieder gut zureden.

„Samstag früh um 6:30 Uhr geht unser Zug", stellte Maria ihren Mann vor vollendete Tatsachen.

„Ich habe für dich und die Kinder für das Wochenende Essen vorbereitet. An einem Tag könnt ihr Gulasch essen. Im Kühlschrank steht ein großer Topf damit zum Wärmen. Ulrike kann Nudeln dazu kochen. Das wird sie wohl schaffen. Im Gefrierschrank ist ein Bohneneintopf eingefroren. Den müsst ihr rechtzeitig auftauen und auch nur warm machen." Maria versuchte, ihren Mann damit zu versöhnen. Reinhard ging dankbar darauf ein. Es fiel beiden sichtlich schwer, sich Samstag ganz früh auf unbestimmte Zeit voneinander zu verabschieden. So war es ja Marias Plan. Von ihren Kindern hatte sie sich bereits am Vorabend verabschiedet. Nun standen sie aber doch am Fenster und winkten ihrer Mutter zu.

Ulrich und Gerlinde fuhren mit ihrem Auto vor. Sie packten Marias beiden Koffer und die Reisetasche in den Kofferraum, und dann ging es ab zum Bahnhof. Aus Angst, im letzten Augenblick noch weich zu werden und wieder auszusteigen, sah sich Maria nicht mehr um, als Ulrich losfuhr. Sie wusste, dass Reinhard ihr lange hinterher sah.

Am Bahnhof angekommen, verabschiedeten sich die beiden Frauen schnell von Ulrich, denn ihr Zug stand bereits zur Abfahrt bereit. Schleunigst begaben sie sich in das Abteil, in dem sie Sitzplätze reserviert hatten. Die Fahrt war lang und sie wollten sie nicht im Stehen verbringen, denn der Zug wurde von Station zu Station voller. Wenige Minuten später fuhr der Zug los. Maria sah gedankenversunken aus dem Fenster. Nachdem der Zug den Bahnhof verlassen hatte und bald auch die Häuser und Straßen der Stadt hinter sich ließ, fing Maria langsam an, durchzuatmen. Gerlinde beobachtete sie aufmerksam.
„Habe ich bisher alles richtig gemacht, Gerlinde? Wird Reinhard mit den Kindern fertig werden? Und ich? Werde ich mein Glück finden?" Maria traute ihrer Entscheidung noch nicht so ganz.
„Nun zweifel doch nicht schon wieder, Maria. Du wirst sehen, es wird sich etwas tun. Den ersten Schritt hast du gemacht. Ich mache dir Mut, sieh jetzt nach vorn. Wir lassen es uns erst einmal gut gehen. Die Wettervorhersagen sind auch vielversprechend." So versuchte Gerlinde, ihre Freundin zu ermutigen. Nach und nach konnte Maria dann loslassen. Die lange Bahnfahrt war dabei sehr hilfreich. Immer wieder sah sie aus dem Fenster. Der Zug raste an weiten Landschaften mit Kühen, Pferden und Schafen vorbei, bis es hügeliger und bergiger wurde.
Nach rund zehn Stunden Fahrt erreichten Maria und Gerlinde ihr Ziel.
Ein schnuckeliges kleines Hotel bot ihnen Herberge. Aus Kostengründen hatten beide Frauen ein Doppelzimmer gebucht. Sie verstanden sich so gut, dass sie es wagen konnten, so dicht beieinander zu sein. Das Zimmer bot allen Komfort, den sie sich wünschten. Es war ziemlich groß und geschmackvoll eingerichtet. Die feine Biberbettwäsche roch frisch und erfüllte den ganzen Raum mit zartem Lavendel-

duft. Die Vorhänge am großen Fenster, das ihnen einen herrlichen Blick auf die Berge bot, waren farblich passend zum Teppich abgestimmt. Ein Ledersofa und zwei Ledersessel luden zum Verweilen ein oder abends sofern man wollte zu einem Blick ins Fernsehen; der Apparat stand auf einer gegenüberliegenden Kommode. Auf dem kleinen Couchtisch stand ein Willkommensgruß in Form einer Flasche Sekt und eines Körbchens mit Knabbereien. Neben einer Minibar, die mit verschiedenen Getränken bestückt war, stand eine Truhe mit Bauernmalerei. In ihr lagen zusätzlich Wolldecken. Kein Gast sollte frieren, wenn die Temperaturen besonders im Winter weit in die Minusgrade gingen und die Heizung nicht immer ihre Höchstleistung hergab. An einer Wand hing ein großes Bild, auf dem ein Stillleben zu sehen war, über der Eingangstür ein Kruzifix. Ja, man befand sich in einer frommen katholischen Gegend. Das Zimmer sowie das Duschbad boten genügend Ablageflächen, was Gerlinde auf ihren Reisen mit der Familie oft in den Unterkünften vermisste. Das Bad war mit einer großzügigen Duschkabine, einem elegant beleuchteten Spiegel, darunter seitlich je einer Halterung für die Zahnputzbecher und einem Haarföhn ausgestattet. Alles in allem war Maria begeistert, so etwas Tolles konnten sie und Reinhard sich bisher nicht leisten. Sie fühlte sich wohl und war vom ersten Tag an angekommen.

„Gerlinde, ich habe Hunger. Lass uns losgehen, uns etwas zu essen zu suchen und die Gegend erkunden." Die Koffer waren zwar noch nicht ausgepackt, aber Gerlinde freute sich über Marias Spontanität und wollte sie keinesfalls zurückhalten. So zogen sie los. Ein paar Querstraßen weiter fanden sie einen Imbissstand. Es duftete nach gegrillten Hähnchen. Maria und Gerlinde lief das Wasser im Mund zusammen. Während der Zugfahrt hatten sie nur ihre belegten Brote und ein wenig Obst von Zuhause gegessen. Jetzt musste es etwas

Warmes sein. Kurzum, jede von ihnen kaufte sich ein halbes Hähnchen, was im Nu verspeist war. Maria musste sparsam mit ihrem Geld umgehen, daher wollte sie nicht gleich am ersten Tag soviel ausgeben. Reinhard hatte ihr zwar großzügigerweise die Reise spendiert, aber da er von nur einer Woche Urlaub ausging, musste sie sich das Geld gut einteilen. Maria hatte sich allerdings seit einiger Zeit immer etwas vom Wirtschaftsgeld, das sie jeden Monat von Reinhard zugewiesen bekam, beiseitegelegt. Es fiel nicht auf, weil sie gut haushalten konnte und es somit nicht an Lebensmitteln fehlte. Hinzu kam noch ein Taschengeld von Reinhards Verdienst, das sie sich ebenfalls für besondere Zwecke sparte. Jetzt kam ihr das alles zugute.

Es war inzwischen Abend und dunkel geworden. Daher lohnte sich ein großer Rundgang im Ort nicht mehr. So beschlossen Maria und Gerlinde, zurück zum Hotel in ihr Zimmer zu gehen. Bei einem Glas Wein, den sie für alle Fälle mit im Gepäck hatten, ließen sie den Tag ausklingen.

„Maria, aufstehen, die Sonne scheint", weckte Gerlinde sie am nächsten Morgen und zog die Gardine weit zurück. Maria reckte und streckte sich, überlegte einen Moment, wo sie überhaupt war und sprang gut gelaunt aus dem Bett. Gerlinde war schon mit der Morgentoilette fertig. „Ich gehe und suche uns ein nettes Plätzchen im Frühstücksraum", rief sie Maria zu und war auch sogleich auf dem Weg, ehe Maria ihr antworten konnte. Maria brauchte nicht lange, um sich fertig zu machen und folgte Gerlinde Richtung Kaffeeduft. Der Frühstücksraum war recht leer. Entweder waren die ersten Gäste schon unterwegs oder andere schliefen länger. Egal, das Buffet gab alles her, was man sich für ein leckeres Frühstück wünschte.

„Gerlinde, schau dir das an. Das sieht alles so appetitlich und liebevoll zusammengestellt aus. Ich weiß gar nicht, womit ich anfangen soll. Ist das nicht schön, wenn man sich

aussuchen kann, was man möchte? Ich glaube, ich beginne erst einmal mit einem Marmeladenbrötchen, dann das Rührei oder doch lieber das gekochte Ei? Und danach noch Müsli mit Quark und danach ..."
„Maria, komm setz dich zu mir. Ich habe hier einen Platz mit tollem Ausblick. Komm, der Kaffee wird kalt oder bring dir Tee mit, wenn du ihn lieber magst. Wir sind noch ein paar Tage hier. Du kannst dir jeden Morgen etwas anderes vom Buffet aussuchen."
Gerlinde und Maria ließen sich Zeit und genossen den ersten gemeinsamen Morgen weit weg von Zuhause. Der tolle Ausblick faszinierte und motivierte sie.
Nach dem Frühstück gingen sie in den Ort und erkundeten die Gegend. Gerlinde wollte die kurze Zeit, die sie mit Maria hier im Allgäu verbrachte, etwas strukturieren. Maria war das jedoch gar nicht recht.
„Nein, Gerlinde, einen durchgeplanten Tag habe ich zu Hause. Das möchte ich hier anders haben. Ich möchte morgens einmal ohne Weckerklingeln aufstehen und in den Tag hinein leben. Sehen, was auf mich zukommt, worauf ich Lust habe und dem nachspüren, was es mit mir macht. Ich möchte das Gefühl von Freiheit erleben und Glück erfahren. Bitte, du wolltest mich dabei unterstützen, hattest du mir versprochen." Maria sah Gerlinde dabei mit einem flehenden Blick an, dem diese nicht widerstehen konnte. Gerlinde fragte sich zwar von Anfang an, was Maria mit der Unterstützung meinte. Offensichtlich genügte es ihrer Freundin wohl, wenn sie sie einfach begleitete.
„Gut, Maria, ich bin bei dir. Wozu hast du heute Lust?"
„Ich möchte wandern gehen und frische Bergluft schnuppern", antwortete Maria. Festes Schuhwerk hatten sich beide Frauen bereits von Zuhause mitgebracht. Nicht weit hinter ihrem Hotel ging es zunächst durch einen Wald bis zu einer Lichtung. Von da an wurde es langsam hügelig und dann

immer steiler.
„Maria, lass uns eine Pause machen. Woher hast du so viel Energie?", schnaufte Gerlinde nach einer Weile.
„Ich weiß nicht. Ich fühle mich total euphorisch. Hast du mir heute Morgen etwas in den Kaffee getan?", scherzte Maria.
„Komm weiter. Wir haben noch ein ganzes Stück vor uns, und heute Nachmittag will ich wieder zurück im Ort sein. Wolltest du mich dann nicht zum Kaffeetrinken einladen, oder habe ich das geträumt?"
Gerlinde staunte über Maria. Sie kannte sie bisher eher ruhig, besonnen, eher melancholisch und gar nicht so aufgeweckt. Die Wanderung wurde für beide immer anstrengender, sodass sie nach einer Weile lieber den Rückweg antraten. Sie wollten es am ersten Tag nicht übertreiben. Das sah auch Maria ein. Unten im Ort angekommen, suchten sie das erstbeste Café auf. Gerlinde lud Maria tatsächlich ein. Ein Stück Sahnetorte und ein Kännchen Kaffee hatten sich beide verdient. Die Zeit verging schnell. Kurz vor Ladenschluss kauften sie sich beim Fleischer nebenan ein bisschen Wurst, holten ein paar Brötchen und Butter dazu und spazierten zurück zum Hotel. Das Abendbrot war also auch gesichert. Zum Fernsehgucken waren beide viel zu erschöpft. Selbst ein spannendes Buch hielt sie nicht mehr wach. Die lange Wanderung in frischer Bergluft hatte sie müde gemacht, und so versanken sie in einen wohltuenden Schlaf.

Kapitel 7

Die nächsten Tage verliefen recht ähnlich. Maria wanderte und wanderte, soweit sie ihre Füße trugen. Das hatte sie sich vorgenommen, und es tat ihr zusehends gut. Gerlinde begleitete sie nicht immer. Sie genoss es, einfach mal nichts zu tun, in der Sonne zu sitzen und möglichst an nichts zu denken. Wenn Maria zurückkam, erzählten sie sich gegenseitig von ihren Eindrücken, aßen zusammen Abendbrot und schlossen den Tag in Ruhe ab. Das Ende der ersten Woche nahte. Am übernächsten Tag wollte Gerlinde abreisen. Konnte sie Maria jetzt sich selbst überlassen, fragte sie sich. Oder würde Maria sogar mit nach Hause fahren? Maria gingen ähnliche Fragen durch den Kopf. Sollte sie hier abbrechen und mit zurückfahren? Oder sollte sie weitermachen? War sie jetzt glücklicher als vorher?
„Gerlinde, ich weiß, du müsstest übermorgen nach Hause fahren. Könntest du dir vorstellen, eine Woche zu verlängern? Wir haben doch längst nicht alles von der schönen Gegend hier gesehen. Außerdem brauche ich dich noch. Ich traue mir nicht zu, alleine hierzubleiben, und nach Hause möchte ich auch noch nicht."
„Das kann und will ich jetzt nicht so einfach entscheiden. Lass mich eine Nacht darüber schlafen. Morgen sage ich dir Bescheid." Gerlinde klang der Vorschlag verlockend. Insgeheim hatte sie sich schon für die Verlängerung entschieden. Am nächsten Tag rief sie trotzdem Ulrich an und bat ihn um Zustimmung. Er berichtete, dass mit den Kindern alles hervorragend sei, und auch Reinhard gut klar kam. Ulrich hatte ein weites Herz und vertraute seiner Frau vollkommen.
„Gerne, Gerlinde, ich gönne dir eine weitere Woche Urlaub.

Genießt die Zeit und macht schöne Fotos."
„Ich habe gerade mit Ulrich gesprochen. Geht klar, ich bleibe noch eine Woche hier bei dir."
Maria umarmte Gerlinde überschwänglich.
„Das ist toll. Ich freue mich. Lass uns heute Abend tanzen gehen. Am Ortsende habe ich ein Tanzlokal entdeckt. Es hat sogar in der Woche geöffnet." Gerlinde war mit allem einverstanden. Hauptsache, Maria ging es gut. Sie verabredeten sich zu 20:00 Uhr. Bis dahin wollte jede noch ihrem eigenen Programm nachgehen.
Pünktlich trafen sie sich abends vor dem Hotel. Maria zeigte Gerlinde, wo es hinging. Noch war das Lokal nicht gut besucht, was sich im Laufe des Abends änderte. Einheimische waren nicht viele da. Dafür kamen einige Touristen, die in der Gegend Urlaub machten. Gerlinde und Maria saßen etwas abseits in einer Ecke, tranken einen Wein und beobachteten zunächst die anderen Gäste. Es dauerte allerdings nicht lange und eine nach der anderen wurde zum Tanz aufgefordert. Maria war wie ausgelassen. Sie tanzte beschwingt und fühlte sich dabei zwanzig Jahre jünger. Alles war so leicht. Andere Besucher setzten sich zu den beiden Frauen an den Tisch. Es ergaben sich nette Gespräche. Die Stimmung war lustig. Gerlinde bemerkte bald, dass Maria öfter von demselben Mann zum Tanz aufgefordert wurde. Maria merkte es ebenfalls, dachte sich aber nichts dabei und genoss einfach den Abend. Es ging auf 24:00 Uhr, als der Wirt seine Gäste langsam zum Gehen aufforderte, weil er schließen wollte. Gerlinde und Maria zahlten ihre Getränke, verabschiedeten sich und liefen frohgelaunt zu ihrer Unterkunft.
„Das war ein toller Abend. Lass uns die nächsten Tage irgendwann noch einmal dort hingehen. Aber jetzt bin ich todmüde und werde sicher schlafen wie ein Murmeltier."
Ehe Gerlinde noch ihre Eindrücke wiedergeben konnte, war

Maria eingeschlafen.
An den kommenden Tagen wechselten sich kleine Spaziergänge mit intensiven Wanderungen ab. Maria bekam einfach nicht genug davon, obwohl sie ihre Füße abends oft gar nicht mehr spürte und auch der Muskelkater in den Beinen kaum nachließ. Manchmal gingen sie in den nächsten Ort, wo mehrere Geschäfte zum Einkaufsbummel einluden. Natürlich mussten da auch ein paar neue Schuhe her. Gerlinde war jedenfalls nur am Staunen, Maria war wie ausgewechselt.
„Heute lassen wir es tagsüber mal ruhig angehen. Dafür möchte ich heute Abend wieder tanzen gehen", schlug Maria ihrer Freundin vor. Gerlinde willigte ein, denn sie hatte auch Spaß daran. Sie waren kaum im Tanzlokal angekommen, da tauchte auch jener Mann von neulich auf.
„Guck mal, wer da ist, Gerlinde. Der war doch letztens auch hier. Mal sehen, ob er mich wieder zum Tanzen auffordert. Er konnte gut tanzen", flüsterte Maria ihr zu. Und siehe da, es dauerte nicht lange und besagter Herr steuerte auf die beiden Frauen zu. Nur diesmal forderte er zuerst Gerlinde auf. Maria war etwas perplex, aber sie freute sich natürlich für Gerlinde. „Du hast Recht, Maria. Er ist ein ausgesprochen guter Tänzer", stimmte Gerlinde ihr zu, als sie wieder am Tisch saß. Andere Gäste, die Maria und Gerlinde wiedererkannten, gesellten sich zu ihnen. Es ergaben sich auch an diesem Abend anregende Gespräche über Gott und die Welt. „Darf ich bitten?" Diesmal wurde Maria zum Tanz aufgefordert.
„Ich habe Sie gleich wiedererkannt. Sie waren doch letzte Woche schon hier mit der anderen Dame. Ich kann mich gut an Sie erinnern. Sie waren so fröhlich. Wohnen Sie hier in der Gegend? Ach, entschuldigen Sie bitte, ich habe mich noch gar nicht vorgestellt. Ich heiße Antonio und bin aus Italien hier im Urlaub."

„Ja, meine Freundin und ich sind auch hier im Urlaub. Ich bin übrigens Maria und sie heißt Gerlinde." Maria zeigte zu Gerlinde hinüber und blinzelte ihr dabei zu. Nach drei, vier Tänzen bat Maria um eine Pause und setzte sich wieder zu Gerlinde an den Tisch.
„Du, Gerlinde, er heißt Antonio, ist Italiener und macht hier ebenfalls Urlaub. Er ist sehr höflich und charmant, findest du nicht?", war Maria begeistert. Gerlinde bestätigte das einerseits, guckte Maria andererseits ein bisschen skeptisch an.
„Sei vorsichtig, Maria, die Italiener haben Feuer im Blut. Ich sehe, wie er dich anschaut mit seinen funkelnden dunklen Augen. Das geht nicht gut", warnte Gerlinde ihre Freundin.
„Ach, was du gleich denkst. Ich hab das im Griff. Ich will nur Spaß haben. Und wie gesagt, er ist ein toller Tänzer", wehrte Maria Gerlindes Bedenken ab. Nachdem auch Antonio eine kurze Tanzpause einlegte, steuerte er erneut geradewegs auf Maria zu.
„Darf ich bitten?", fragte er, indem er Maria zugleich seine Hand reichte. Maria folgte ihm auf die Tanzfläche und bemerkte dabei, dass ihr Herz allmählich schneller schlug. Sie genoss es, offenbar so gefragt zu sein. Antonios Charme wirkte auf Maria. Sie vergaß alles um sich herum und war fasziniert von einem Mann, der ihr Komplimente machte, die sie schon lange nicht mehr von ihrem Mann gehört hatte. Gerlinde beobachtete die Situation von Weitem mit steigender Skepsis, wollte aber nicht direkt einschreiten. Schließlich war Maria eine erwachsene Frau und musste wissen, wie weit sie gehen konnte. Ein Tanz folgte dem anderen, bis Maria merkte, wie Antonio sie langsam immer weiter in eine dunklere Ecke des Raumes führte. Was hatte er vor? Ihr Herz klopfte schneller. Sie spürte, wie Antonio sie näher an sich heranzog. Er versuchte, sie zu küssen und machte ihr ein eindeutiges Angebot. Bis dahin fand Maria noch alles harmlos und schmeichelhaft. Doch jetzt ging

Antonio zu weit. Plötzlich schoss es ihr durch den Kopf: Soll *das* Glück sein oder mich glücklich machen, wenn ich meinen Mann hier betrüge? Wo reite ich mich da hinein? Sie riss sich aus Antonios Armen und eilte zu Gerlinde an den Tisch.

„Schnell Gerlinde, komm, ich muss hier raus. Kannst du bitte für mich mit bezahlen? Ich gehe schon mal vor." Ehe sich Gerlinde versah, rannte Maria zum Ausgang und war weg. Antonio tat indes so, als sei nichts gewesen und ging, ohne sich umzusehen, wieder zu seinem Tisch. Gerlinde hatte eine böse Ahnung. Sie zahlte und lief Maria hinterher.

„Was ist geschehen? Ich war so mit unseren Tischnachbarn im Gespräch vertieft. Ich habe nichts mitbekommen", fragte sie Maria, obwohl sie hin und wieder doch einen Blick zu den Zweien geworfen hatte und es sich fast denken konnte.

Am Hotel angekommen, begaben sich beide in ihr Zimmer. Maria war entsetzt und enttäuscht zugleich.

„Gerlinde, ich bin fassungslos. Wie konnte mir das passieren? Ich wollte doch nur wieder einen schönen Abend haben. Und dann macht mich dieser Italiener an und verdreht mir fast den Kopf mit seinem Charme. Und das Schlimme ist, ich wäre beinahe darauf reingefallen. Seine Stimme, seine dunklen, funkelnden Augen, die Komplimente. Alles klang so wundervoll. Aber dann ging er mit seinem eindeutigen Angebot, ich könnte mit in seine Pension kommen, einfach zu weit. Habe ich ihm Anlass gegeben, zu denken, ich würde mitgehen? War ich zu blauäugig?" Indem sie Gerlinde weiter erzählte, wurden Marias Augen feucht und die ersten Tränen liefen ihr über das Gesicht. Sie machte sich Vorwürfe und schämte sich. Gerlinde nahm sie vorsichtig in den Arm. Sie hatte ja ihre Freundin vorher gewarnt, aber nun waren Vorhaltungen fehl am Platz. „Ist doch gut, Maria, du hast rechtzeitig die Kurve gekriegt", versuchte Gerlinde sie zu trösten.

„Denk nur an die schöne Musik, die Leichtigkeit des Tanzens, die netten Gespräche an unserem Tisch. Den Rest vergiss einfach. Lass uns schlafen gehen. Morgen ist ein neuer Tag."

Maria war inzwischen auch müde geworden. Sie wollte nur noch ins Bett und sich die Decke über den Kopf ziehen. Sie war traurig und enttäuscht. Sie schlief zwar schnell ein, aber die Nacht war unruhig. Sie hatte das Gefühl, schlecht zu träumen und ständig wach zu werden. Am nächsten Morgen stand sie daher etwas zerknirscht auf.

„Wie hast du geschlafen? Fühlst du dich besser?", fragte Gerlinde besorgt, ehe beide zum Frühstück gingen.

„Oh, ich habe den Eindruck, die ganze Nacht irgendwie phantasiert zu haben. Zwei Männer schlichen abwechselnd um mich herum. Beide waren gutaussehend. Der eine etwas jünger, der andere etwas älter als ich. Sie lockten mich mit Versprechungen verschiedenster Art. Allerdings kann ich mich nicht mehr erinnern, was es wirklich war. Ich weiß nur, ich sollte mich entscheiden. Es war schlimm, Gerlinde, und sehr anstrengend." Gerlinde hatte so eine vage Vorstellung, worum es ging, aber sie wollte Maria selbst die Deutung überlassen.

„Das Wetter ist heute wieder perfekt zum Wandern", deutete Maria an.

„Ich habe Lust dazu, aber ich möchte alleine unterwegs sein. Bist du mir böse, Gerlinde?"

„Ganz und gar nicht. Meinst du, du kriegst das hin?", erkundigte sich Gerlinde dennoch besorgt.

„Ja, alles gut. Ich muss noch einmal über alles nachdenken. Wir können uns aber am Nachmittag in dem kleinen Café, wo es den leckeren Kuchen gibt, treffen. Sagen wir, so gegen 16:00 Uhr?"

„Einverstanden. Verlauf dich nicht. Ist wirklich alles okay?", fragte Gerlinde vorsichtshalber doch noch einmal nach.

„Ja, mach dir keine Sorgen. Bis später." Maria zog ihre Wanderschuhe an und marschierte los.

Die Wege waren ihr inzwischen bekannt. Sie hatte es zwar an all den vergangenen Tagen nie auf die Gipfelspitze eines Berges geschafft, aber das war auch nicht mehr erstrebenswert. Ihr Motto war jetzt: Der Weg ist das Ziel. Je länger sie lief, desto mehr ließ sie die Zeit ihres Aufenthaltes Revue passieren. Wie begann die Reise ins Ungewisse? Was hatte sie sich insgesamt davon versprochen? Maria lief und lief, mal schneller, mal langsamer. Es war, als würde sie ihr Tempo dem des Gedankenflusses anpassen. Sie erinnerte sich an den Abschied von Zuhause, der ihr vorkam, als läge er Wochen zurück. Dabei waren es erst fast vierzehn Tage. Dann die gemeinsamen Stunden mit Gerlinde, die Spaziergänge, die Gespräche, auch das gemeinsame Schweigen. Alles war so harmonisch. Sollte sie weitere Zeit anhängen, wenn Gerlinde in den nächsten Tagen die Heimreise antreten würde? Maria war sehr unsicher. Sie kam bei der weiteren Wanderung an eine Weggabelung. Da erinnerte sie sich plötzlich an den Traum der letzten Nacht: Zwei Männer, die mich lockten und hier zwei Wege, dachte sie. Der eine führt mich wieder zurück ins Tal, in die gewohnte Umgebung des Hotels. Von dem anderen Weg weiß ich nicht, wohin er führt. Der Wegweiser war stark beschädigt worden, und die Schrift darauf ließ sich nicht mehr eindeutig entziffern. Maria war diese Situation zu einem Bild geworden. Ja, sie musste sich entscheiden. Wie starr stand sie vor dieser Weggabelung. Dabei standen ihr die Ereignisse des letzten Abends vor Augen. Es dauerte tatsächlich ein paar Minuten, bis sie sich wieder besann. Ein Blick auf die Uhr zeigte, dass sie den Rückweg antreten sollte, wenn sie die Verabredung mit Gerlinde im Café pünktlich einhalten wollte. Der Weg zurück ins Tal war der Weg, den sie dazu gehen musste. Und Maria ging ihn gerne, denn ihre Freundin und leckerer Kuchen warteten auf sie. Noch wusste sie nicht hundertprozentig, wie sie das mit den beiden Männern im Traum deuten konnte, obwohl sie so eine Ahnung beschlich. Vielleicht wollte sie es nur nicht wahrhaben. Während Maria sich dem Tal und dem Café näherte, fühlte sie, eine wohlige Wärme ihren Körper durchfließen. Nein, es war nicht das Ergebnis einer mehr oder weniger anstrengenden Wanderung. Es war etwas ganz anderes. Es fühlte sich zumindest anders an. Am Café angekommen, sah sie Gerlinde dort an einem Tisch am Fenster sitzen. Gerlinde, die sich schon ein Stück Sachertorte und eine Tasse Kaffee bestellt hatte, winkte Maria heran und war gespannt, ob und gegebenenfalls was sich bei ihr, während der Wanderung entwickelt hatte.

Maria steigerte die Spannung, indem sie sich zunächst das Kuchenangebot ansah. Ihr Blick schweifte von einer Torte zur anderen, bis sie sich für die Erdbeersahneschnitte entschied, dazu ein Kännchen Kaffee. Nun war sie bereit, Gerlinde an ihren Gedanken Anteil zu geben.

„Mir ist unterwegs etwas Merkwürdiges passiert. Ich kam nach längerer Wanderung und fortgeschrittener Zeit an eine Weggabelung. Dabei musste ich plötzlich an meinen Traum von letzter Nacht denken. Zwei Männer - zwei Wege, es war wie ein Bild. Verstehst du, Gerlinde? Der eine Weg führte zurück ins Tal, in die mir bekannte Umgebung und zu unserer Verabredung. Für den anderen Weg gab es keinen Wegweiser bzw. war dieser total unleserlich. Es wäre für mich ein Wagnis gewesen, diesen unbekannten Weg zu gehen. Wer weiß, wo ich da gelandet wäre. Jetzt weiß ich es: Antonio ist der eine Mann aus dem Traum. Er ist der unbekannte Weg, auf dem ich mich vielleicht sogar verlaufen hätte. Reinhard ist der zweite Mann aus dem Traum. Er ist der bekannte Weg." Gerlinde hörte Maria aufmerksam zu. „Und was folgerst du daraus, Maria?",

fragte sie nach.
„Ich weiß, wohin ich gehöre. Das macht mich nicht nur zufrieden. Das macht mich sogar glücklich. Ich sehne mich inzwischen nach Reinhard und nach meinen beiden prächtigen Kindern. Und weißt du was? Ich fahre mit dir zusammen wieder nach Hause. Die zwei Wochen hier taten mir sehr gut. Ich brauche keine Verlängerung. Ich bin mir sicher, es ist kein Zurück in ein *finsteres* Tal." Gerlinde spürte Marias innere Ruhe und Gelöstheit.

Kapitel 8

Am darauffolgenden Samstag fuhren die beiden Frauen mit dem Zug zurück in die Heimat zu ihren Familien. Statt Ulrich kam Reinhard zum Bahnhof, um die beiden Frauen abzuholen. Er war gespannt, wie es seiner Frau wohl gehen würde. Schließlich hatte sie sich entschieden, ihre Auszeit schon nach zwei Wochen zu beenden. Vor ihrer Abreise hörte es sich noch ganz anders an. Reinhard überlegte während der Fahrt zum Bahnhof, was Maria so schnell zur Rückkehr bewog und wie sie sich beide begegnen würden. Was würde sie erlebt haben? Was hatten die beiden Freundinnen wohl miteinander besprochen? Er nahm sich vor, Maria auf keinen Fall zu drängen. Es sollte nicht so aussehen, als würde er sie misstrauisch befragen. Am Bahnhof angekommen, fuhr der Zug bereits ein. Es dauerte nicht lange, da sah er Maria und Gerlinde von Weitem auf sich zukommen. Reinhard war sehr unsicher und blieb wie angewurzelt stehen. Maria rannte ihm die letzten Meter förmlich entgegen und fiel ihm um den Hals.
„Wo sind die Kinder? Warum hast du sie nicht mitge-

bracht?", fragte sie, während sie beide, gefolgt von Gerlinde, zum Auto gingen. Reinhard schwieg gedankenversunken und fuhr los, bis Maria noch einmal nachfragte.
„Wo sind die Kinder? Warum hast du sie nicht mitgebracht?"
„Hmm ..., sie wollten zu Hause etwas für dich vorbereiten. Wir sind ja gleich da." Reinhard klang noch etwas verhalten, was Maria jedoch nicht unbedingt auffiel. Zuhause angekommen lud Maria Gerlinde ein, noch mit hineinzukommen, aber Gerlinde wollte lieber zu ihrem Ulrich und ihrem Sohn. Maria verstand das natürlich.
„Viele Grüße an Ulrich und Thomas. Und vielen Dank auch an deine Mutter, dass sie Michael mit versorgt hat. Kommt doch alle mal demnächst zum Kaffee vorbei. Wir können das ja nochmal besprechen." Gerlinde verabschiedete sich, und Maria ging mit Reinhard in die Wohnung. Die Kinder liefen ihrer Mutter entgegen. Sogar Ulrike freute sich, ihre Mutter wiederzusehen. Zur Überraschung hatte sie gekocht und servierte einen Bohneneintopf. Sie gab allerdings zu, dass ihr Gerlindes Mutter dabei geholfen hatte. Denn die grünen Bohnen sollten frisch sein und nicht einfach aus der Büchse stammen. Was natürlich bedeutete, dass die Zubereitung mehr Arbeit erforderte. Michael hatte für seine Mutter ein Bild gemalt.
„Schau mal Mama, ich habe Berge gemalt und eine große Wiese davor und die Sonne scheint. Papa hat uns erzählt, dass du da warst und auf die Berge klettern wolltest. Stimmt das? Dann kannst du dir das Bild aufhängen, wo du willst und dich immer daran erinnern."
Maria nahm ihren Kleinen in die Arme und war fast zu Tränen gerührt. Er hatte sich so viel Mühe gegeben. Obwohl er kein begnadeter Zeichner war, sah das Bild in Marias Augen wunderschön aus.
„Ja, Michael, ich war in den Bergen, aber ich habe es doch nicht bis ganz oben hinauf geschafft. Trotzdem hat es mir

gut gefallen und war sehr schön. Aber nun lasst uns essen, sonst wird das Mittag ganz kalt. Ulrike hat alles so liebevoll vorbereitet."

Alle versammelten sich am Esstisch im Wohnzimmer, und Ulrike übernahm das Servieren des Bohneneintopfs. Die Familie war wieder beisammen. Maria spürte Glück in ihrem Herzen.

Als die Kinder abends im Bett waren und Reinhard es sich auf der Couch gemütlich machte, rückte Maria nah an ihn heran. Er legte den Arm um sie. Beide genossen es, wieder beieinander zu sein. In dem Moment wich Reinhards Rest an Unsicherheit völlig. Maria überlegte hingegen, ob sie ihrem Mann *alles* von ihrem Urlaub erzählen sollte. Doch irgendwie fehlte ihr der Mut. Von daher beschloss sie, von der Begegnung mit Antonio nicht zu berichten, zumal es für sie sowieso keine Bedeutung hatte. Ansonsten schwärmte sie in den höchsten Tönen von dem Hotel, dem leckeren Buffet, der Landschaft, der guten Luft, dem kleinen Café mit der bunten Kuchen- und Tortenauswahl und, und, und. Natürlich sprach sie auch von der guten Gemeinschaft mit Gerlinde. Reinhard hörte seiner Frau aufmerksam zu. Und so begeistert wie sie ihm alles erzählte, hatte er den Eindruck, bei Maria hatte sich innerlich etwas getan. Sie sahen sich tief in die Augen, schwiegen gemeinsam, tauschten Zärtlichkeiten aus, küssten sich leidenschaftlich und beendeten den Tag - zumindest auf der Couch im Wohnzimmer.

Kapitel 9

Diese Zweisamkeit sollte nicht ohne Folgen bleiben. Maria ahnte sehr bald, dass sie schwanger war. Ein Besuch kurze Zeit später bei ihrer Gynäkologin bestätigte ihr Gefühl. Nach zwei früheren Schwangerschaften wusste sie, wie es sich anfühlte. So war das Ergebnis der Untersuchung bei der Ärztin nicht wirklich eine Überraschung für sie. Was würde nun Reinhard dazu sagen? Maria freute sich jedenfalls und ging beglückt nach Hause. Mit Reinhards Lieblingsessen - Rippchen mit Sauerkraut und Kartoffeln - wollte sie ihn auf ihren freudigen Umstand einstimmen. Die Kinder sollten es nicht gleich erfahren. Dazu fand Maria es zu früh, denn die ersten Monate einer Schwangerschaft waren immer etwas riskant. Reinhard kam merkwürdigerweise früher als sonst von der Arbeit. Maria wunderte sich und war noch gar nicht mit dem Essen fertig. Reinhard brachte ihr einen großen Strauß Rosen mit. Das war ebenfalls ungewöhnlich. Außer zum Geburtstag oder an Hochzeitstagen, tat er es sonst nie.
„Habe ich etwas verpasst?" Maria sah ihren Mann mit großen Augen fragend an.
„Habe *ich* etwas verpasst?", fragte Reinhard zurück, als er den Duft seines Lieblingsessens wahrnahm. Beide sahen sich an und mussten herzlich lachen. Die Kinder hörten es, kamen hinzu und fragten ebenso: „Haben wir etwas verpasst?" Nun lachte die ganze Familie schallend, und keiner wusste so richtig, worum es ging. Die Fröhlichkeit war einfach ansteckend. Maria stellte die Blumen in eine Vase, wobei sie sich nach wie vor fragte, was Reinhard veranlasste, so einen üppigen Strauß mitzubringen.
Inzwischen war das Mittagessen fertig, und wie gewohnt versammelten sich alle am Esstisch im Wohnzimmer.

Reinhard lief bereits das Wasser im Mund zusammen, wobei auch er sich wiederum fragte, was Maria ihm damit eventuell sagen wollte. Ulrike und Michael rümpften die Nase. Außer Nudeln mit kleingeschnittener Jagdwurst in Tomatensoße gehörten eher Stampfkartoffeln mit Fischstäbchen zu ihren weiteren Lieblingsgerichten. Aber sie wollten die gute Stimmung nicht verderben und aßen brav ihren Teller auf. „Nun sag schon. Was hat es mit den Blumen auf sich?", drängte Maria ihren Mann.
„Na ja ...", zog Reinhard seine Antwort etwas hin, um die Spannung zu erhöhen. „Ich arbeite doch jetzt schon ziemlich lange bei der Firma. Mein Chef ist vollkommen zufrieden mit mir. Darum gab es endlich die erhoffte Gehaltserhöhung. Und die ist nicht zu knapp! Der kommende Sommerurlaub kann nun größer und länger stattfinden. Außerdem freue ich mich einfach, dass du wohlbehalten wieder von deiner Reise nach Hause gekommen bist, mein Schatz."
Die Kinder waren begeistert von der Aussicht auf eine Reise in den nächsten Sommerferien, die mal nicht zu Verwandten führen würde. Maria hielt sich hingegen zurück, denn sie wusste ja um das Ereignis, das sie Reinhard noch mitzuteilen hatte. Der wiederum tat erst einmal so, als wäre er gar nicht neugierig auf Marias Anlass für sein Lieblingsessen. Maria wollte einfach einen günstigen Zeitpunkt abwarten, wenn die Kinder im Bett waren.
„Reinhard", begann sie zögerlich, „aus dem längeren Urlaub im kommenden Sommer wird, glaube ich, nichts."
„Warum? Wir haben doch schon so lange auf solche Gelegenheit gewartet. Die Kinder wären zudem sehr enttäuscht, wenn wir ihre Pläne durchkreuzen."
„Ja, das verstehe ich, aber vielleicht freuen sie sich ja trotzdem auf das, was da kommt."
„Wieso, was hast du vor? Du sprichst in Rätseln." Reinhards Neugier nahm nun zu.

„Ich ... ich ..., ich bin schwanger. Und wenn alles gut geht, kommt das Baby im nächsten Frühjahr zur Welt. Dann ist es noch zu klein, um mit ihm auf größere Reise zu gehen", äußerte Maria ihre Bedenken.
„Ein Baby?! Maria, mein Schatz, wie schön. Diese Überraschung ist dir gelungen. Das mit dem Urlaub wird einfach verschoben. Kein Problem, Hauptsache, es geht dir gut. Es geht dir doch gut, oder?"
„Ja, ich bin noch ganz am Anfang. Nur, ich ahnte, dass da irgendetwas in mir war, was mich an meine früheren Schwangerschaften erinnerte. Die Ärztin hat es mir dann bestätigt. Du erinnerst dich an den ersten Abend nach meiner Rückkehr? Er war einfach zu schön. Das ist jetzt die Folge."
Maria sah ihren Mann liebevoll mit einem Augenzwinkern an, was dieser verstand und erwiderte.
„Wissen es die Kinder schon?", fragte Reinhard nach.
„Nein, lass es uns ihnen erst erzählen, wenn die ersten Monate um sind. Man weiß ja nie, ob nicht doch etwas passiert und ich das Baby verliere."
„Da wird nichts passieren. Ich passe jetzt besonders gut auf dich auf. Du darfst auf keinen Fall schwer heben. Hörst du, Maria? Ulrike muss dir mehr im Haushalt helfen und abends bin ich ja auch noch da." Reinhard freute sich riesig und war zugleich sehr besorgt um seine Frau.
„Lass Ulrike da aus dem Spiel. Ich bin froh, dass sich unser Verhältnis zueinander gebessert hat. Ich möchte sie nicht zu sehr beanspruchen, da sie zurzeit in der Schule ziemlich gefordert ist und viel lernen muss", erwiderte Maria.
„Ich denke, ich schaffe den Haushalt selbst ganz gut."
Maria war in der folgenden Zeit oft sehr müde. Von daher kam es hin und wieder vor, dass sie sich mittags für ein kurzes Nickerchen aufs Bett legte. Michael bekam das als Einziger mit, weil er eher aus der Schule nach Hause kam, als seine große Schwester. Allerdings nahm er es nur zur

Kenntnis und wunderte sich nicht so direkt darüber.
„Papa, schläfst du manchmal mittags auf der Arbeit?", fragte er trotzdem nach.
„Wieso fragst du?"
„Na, weil Mama das neuerdings tut." Reinhard kannte den Grund, machte sich aber trotzdem Sorgen um seine Frau.
„Weißt du, Michael, bei uns auf der Arbeit haben wir zwar einen Raum, in dem wir ungestört unsere Frühstücks- und Mittagspause machen. Aber schlafen, so etwas gibt es auf der Arbeit nicht. Bei deiner Mama ist das vielleicht auch nur vorübergehend. Das behalten wir beiden Männer mal im Auge", witzelte Reinhard. Später erkundigte er sich bei Maria, ob es ihr doch nicht so gut ginge, wie sie es vorher behauptete. Er erzählte ihr von Michaels Beobachtung.
„Nein, nein, alles in Ordnung. Ich bin in letzter Zeit nur öfter müde. Ich gönne mir dann die Zeit, lege mich aufs Bett, um ein wenig auszuruhen. Das ist nicht weiter dramatisch. Ich glaube, wir müssen den Kindern aber langsam von ihrem zu erwartenden Geschwisterchen erzählen. Was hältst du davon, wenn wir meine Mutter am Sonntag einladen. Dann können wir alle zusammen Kaffee trinken. Das ist doch die beste Gelegenheit, die Neuigkeit kundzutun."
„Einverstanden, mein Schatz, so machen wir das."
Maria telefonierte gleich am nächsten Tag mit ihrer Mutter. Liesel freute sich über die Einladung und sagte zu.
„Kinder, am Sonntag kommt Oma Liesel. Nehmt euch bitte nichts vor. Wir wollen zusammen Kaffee trinken", bat Maria ihre Kinder am Abendbrottisch.
„Ist was Besonderes los?", fragte Ulrike. Sie fand, ihre Mutter betonte den Besuch der Oma und das gemeinsame Kaffeetrinken irgendwie besonders.
„Na ja", versuchte sich Maria ein bisschen herauszureden, „wir haben schon lange nicht mehr so gemütlich mit Oma zusammen gesessen. Ich dachte bzw. Papa und ich dachten,

das sei mal wieder dran. Vielleicht ist auch Gelegenheit, euch ein paar Fotos von meiner Reise mit Gerlinde zu zeigen." Ulrike gab sich mit der Antwort zufrieden und ging nach dem Abendbrot auf ihr Zimmer. In den nächsten Wochen standen mehrere Klausuren in der Schule an. Dafür musste sie sich schließlich einigen Stoff einprägen.
Maria gab sich am Samstag besonders viel Mühe, einen Frankfurter Kranz zu backen. Die Buttercreme gelang ihr auf Anhieb, und die feingehackten Mandeln brannten ihr in der Pfanne diesmal nicht an. Sie war wieder einmal stolz auf ihr Werk. Das bestätigte ihr einfach, eine gute Hausfrau zu sein.
Oma Liesel war am Sonntag pünktlich, was leider nicht immer der Fall war. Es kam hin und wieder vor, dass sie die richtige Bushaltestelle zum Aussteigen verpasste. Wenn sie es bemerkte, war es zu spät, und dann musste sie schon mal ein oder zwei Haltestellen zurücklaufen. Das kostete eben Zeit und begründete ihre Verspätung. Zum Glück war es diesmal anders, und alle saßen frohgelaunt am Kaffeetisch.
„Nun rückt schon raus mit der Sprache. Was gibt es Neues?", fragte Liesel nach. Für sie war es ungewöhnlich, ihre Enkel so brav mit am Kaffeetisch sitzen zu sehen. Meistens zogen die Verabredungen mit ihren Freunden vor.
„Wir wollten mit euch gemeinsam Kaffee trinken, weil wir in der Tat Neuigkeiten zu erzählen haben", leitete Reinhard ein und blickte dabei zu Maria hinüber.
„Ich bin schwanger. Im nächsten Frühjahr erwarten wir ein Baby", fügte Maria sogleich ohne Umschweife an.
„Ich bekomme eine Schwester", jubelte Ulrike voller Überzeugung.
„Nein, ich möchte einen Bruder", protestierte Michael.
„Nun wartet doch mal ab. Es steht bisher gar nicht fest, was es wird", beruhigte Maria ihre aufgeregten Kinder. Oma Liesel verzog bedenklich ihr Gesicht. Fast blieb ihr der Bissen vom Frankfurter Kranz im Halse stecken.

„Noch ein Kind?! Seid zufrieden, dass Ulrike und Michael schon groß sind. Und nun wollt ihr nochmal von vorne anfangen? Nachts nicht durchschlafen können, Babygeschrei, Windeln wechseln, Breichen kochen, und was weiß ich nicht noch alles." Die anderen merkten, Oma Liesels Begeisterung hielt sich in Grenzen, um nicht zu sagen, sie war *gar nicht* begeistert. Darüber war die Familie sehr enttäuscht. Andererseits kannten sie es nicht anders und wussten um Liesels Zurückhaltung, was Kinder betraf. Das war noch glimpflich ausgedrückt. Liesel erinnerte sich vermutlich an ihre drei Kinder, mit denen sie teilweise überfordert war. Aber sie war ja auch die meiste Zeit alleinerziehend. Reinhard und Maria ließen sich die Freude nicht verderben. „Wir wollten es euch einfach rechtzeitig erzählen, bevor es bald sichtbar wird." Und zu Michael gewandt, sagte Reinhard: „Jetzt weißt du, warum deine Mama in letzter Zeit oft müde war und sich mittags hinlegte. So eine Schwangerschaft kann anstrengend sein, aber die Mama ist nicht krank." Michael nickte verständnisvoll mit dem Kopf.

„Wollen wir noch ein wenig spazieren gehen?", warf Maria ein, um das Thema zu wechseln.

„Oder lieber Mensch-ärgere-dich-nicht spielen, wenn wir schon mal alle hier zusammensitzen? Ich könnte euch außerdem Fotos von meiner Kurzreise zeigen."

„Ich würde gerne spielen", äußerte sich Liesel zu dem Vorschlag.

„Aber nur eine Runde. Vor dem Abendbrot möchte ich wieder Zuhause sein."

Alle anderen waren damit einverstanden. Die eine Runde zog sich in die Länge, bis am Ende Michael der glückliche Gewinner war. So endete der Sonntagnachmittag. Liesel verabschiedete sich. Die Familie war wieder unter sich.

Kapitel 10

„Mama, darf ich Theresa morgen in der Schule die Neuigkeit erzählen?", fragte Ulrike.
„Und ich Thomas?", schloss sich Michael an. Die Eltern blickten sich an und überlegten.
„Nun, wenn ihr das möchtet, könnt ihr das gerne tun. Es dauert nicht mehr lange, dann sieht man sowieso meinen dicker werdenden Bauch", stimmte Maria zu. Dabei hatte sie jedoch nicht bedacht, es ihrer Freundin Gerlinde noch gar nicht erzählt zu haben. Das wollte sie nachholen, bevor diese es schneller von ihrer Tochter erfahren würde. Zu Thomas' Eltern hatten Reinhard und Maria nur flüchtigen Kontakt, der sich mehr im Rahmen von Elternversammlungen bewegte. Von daher war es ihnen nicht wichtig, von wem seine Eltern es erfuhren. Noch am selben Abend rief Maria Gerlinde an, um sie spontan zum Frühstück am nächsten Morgen einzuladen. Gerlinde sagte sofort zu. Sie hoffte, Maria in guter Verfassung anzutreffen. Nicht, dass ihr Urlaubserlebnis ein böses Nachspiel hatte. „Guten Morgen, Maria." Gerlinde stand pünktlich vor der Tür.
„Guten Morgen, Gerlinde. Schön, dass du spontan Zeit hattest. Komm herein, der Frühstückstisch ist gedeckt." Und mit einem Augenzwinkern fügte Maria hinzu: „Leider nicht mit so großer Auswahl wie im Hotel."
„Das ist doch klar, aber darauf kommt es doch nicht an. Sag, wie geht es dir? Du siehst gut aus. Wir haben uns ja seit unserer Reise gar nicht mehr gesehen."
„Mir geht es blendend. Meine Auszeit tat mir gut, obwohl es nur vierzehn Tage waren. Übrigens, die Sache mit Antonio habe ich gut verkraftet. Reinhard habe ich davon nichts erzählt. Es ist doch auch nichts passiert, was ich ihm hätte

beichten müssen. Das bleibt also unter uns beiden. Versprichst du mir das?"
„Alles gut, Maria. Das bleibt unter uns. Ich hab´s schon längst vergessen. Wie geht es dir mit den Kindern und mit Reinhard?"
„Sie haben sich alle gefreut, mich wieder bei sich zu haben. Ulrike hat es im Moment nicht leicht in der Schule. Der Lernstoff hat zugenommen. Es folgt eine Klausur nach der anderen. Aber sie lernt fleißig und wird das schon schaffen. Schließlich will sie ihr Abitur machen und danach eventuell studieren. Sie hatte neulich so etwas angedeutet. Michael sieht in seiner Schwester ein Vorbild, was Schule betrifft. Allerdings fliegt ihm nicht alles so zu. Er muss sich beim Lernen mehr anstrengen. Zum Glück findet er seine Lehrer ganz nett. Das motiviert ihn sicher auch. Bei Reinhard in der Firma scheint alles seinen Gang zu gehen. Er erzählt nicht viel davon, außer dass er die lang erhoffte Gehaltserhöhung endlich bekam. Du kennst ihn ein bisschen. Er schweigt sich oft aus, sodass ich immer noch hin und wieder das Gefühl habe, er würde mir etwas verschweigen. Er hat so eine Art, in sich versunken zu sein, als wäre er mit seinen Gedanken in einer anderen Welt. Ich komme dann nicht richtig an ihn heran, aber es macht mich nicht mehr unglücklich. Wir lieben uns. Das ist für mich die Hauptsache. Vielleicht spricht Reinhard irgendwann einmal darüber, was ihn innerlich bewegt. Ich will ihn nicht drängen. Er ist treu, verdient für uns das Geld, geht lieb mit mir und den Kindern um und freut sich auf ...", hier hielt Maria kurz inne. „Worauf freut er sich?", fragte ihre Freundin nach. „Nun, Gerlinde, ich bin schwanger. Wir erwarten im nächsten Frühjahr unser drittes Kind. Darauf freuen wir uns beide sehr." „Das ist doch großartig. Geht es dir gut?" „In letzter Zeit bin ich schnell müde. Dann lege ich mich mittags öfter hin und ruhe mich aus. Ansonsten ist alles in Ordnung. Die

Ärztin ist auch zufrieden mit mir." „Wenn du etwas brauchst, lass es mich wissen. Ich kann dir helfen. Mit einem Kind bin ich nicht so ausgelastet, zumal Theresa sehr selbständig ist." Gerlinde fand es selbstverständlich, Maria ihre Hilfe anzubieten. Die beiden Frauen unterhielten sich noch über dies und jenes, bis sich das gemeinsame Frühstück, dem Ende neigte. Danach ging jede wieder an ihre gewohnte Hausarbeit.

Kapitel 11

Die nächsten Wochen vergingen wie im Fluge. Inzwischen war Marias Schwangerschaft nicht mehr zu übersehen. Vieles im Haushalt fiel ihr schwerer. Volle Einkaufstaschen tragen, die Wohnung sauber halten - da war sie ja immer sehr sorgfältig -, das Essen zubereiten, all das erschöpfte sie bald ziemlich schnell. Das Einkaufen übernahm daher Reinhard, wenn er von der Arbeit kam oder samstags Vormittag. Auch Ulrike nahm ihrer Mutter einiges im Haushalt ab. So übte sie sich im Fensterputzen und Betten beziehen, was ihr gut gelang und wofür ihre Mutter sie lobte. Insgesamt verlief auch diese Schwangerschaft ohne Komplikationen. Die Zeit der Geburt rückte immer näher. Alle waren aufgeregt, zumal ja keiner vorher wusste, ob es ein Junge oder ein Mädchen werden würde. Bei einer der Untersuchungen zwischendurch war sogar einmal die Rede von Zwillingen. Alle Beteiligten waren dann doch beruhigt, als es sich bei der darauffolgenden Untersuchung nicht bestätigte. Die Wohnung mit dreieinhalb Zimmern wäre dann einfach zu klein geworden. Sollte es ein Mädchen werden, könnte es in das etwas größere Zimmer von Ulrike mit hinein. Würde es ein Junge werden, müssten Michael und Ulrike ihre Zimmer tauschen. Das hatte aber alles noch

Zeit, denn in den ersten Monaten bliebe das Baby sowieso im elterlichen Schlafzimmer.

Im Fernsehen lief gerade eine Talkshow mit interessanten Gästen. Angeregt diskutierten sie über Fragen der Erziehung und überhaupt über die Beziehung zwischen Eltern und Kindern, als bei Maria plötzlich die Wehen einsetzten. Zunächst dachte sie, noch Zeit zu haben, um die Sendung zu Ende zu sehen. Doch das Baby machte sich schneller auf den Weg, als es bei den anderen Kindern der Fall war. Maria drängte also Reinhard, sie schleunigst ins Krankenhaus zu fahren. Sie sagten Ulrike und Michael Bescheid und waren dann auch schon weg.

Leider war es immer noch nicht üblich, den Ehemann bei der Geburt dabei haben zu dürfen. So sehr es sich Maria und Reinhard auch wünschten. Daher harrte Reinhard im Wartebereich aus, während Maria alleine mit der Geburt zu kämpfen hatte. Glücklicherweise kannte sie die Hebamme noch von der letzten Entbindung. Sie hatte daher vollstes Vertrauen zu ihr und fühlte sich in ihren Händen sicher begleitet. Reinhard war indes genauso nervös wie bei den Geburten der ersten beiden Kinder. Würde auch diesmal alles gut gehen? , ging es ihm durch den Kopf. Warum war es nicht möglich, bei seiner Frau zu sein? Hatten die Hebammen und Ärzte Sorge, die Männer könnten es nicht aushalten, wenn ihre Frauen sich vor Schmerzen wanden? Hätte es vielleicht sogar negative Auswirkungen auf die weitere sexuelle Beziehung der Ehepaare? Oder war eine Entbindung so etwas Intimes, das nur Frauen anging? Reinhard konnte es sich letztlich nicht erklären. In Sorge um seine Frau und ein hoffentlich gesundes Baby bemerkte er gar nicht, wie schnell die Zeit verging. Nach nur gut drei Stunden hörte er bereits die Hebamme seinen Namen rufen. Er eilte zum Kreißsaal, in dem Maria ihn freudestrahlend, mit ihrer kleinen Tochter im Arm, ansah.

„Es ist wieder ein Mädchen", sagte Maria überglücklich. Reinhard setzte sich neben die beiden und strahlte ebenfalls über das ganze Gesicht. Sie nannten die Kleine Julia. Diesmal hatten sie sich vorbereitet und im Familienrat für alle Fälle einen Mädchen- und einen Jungennamen ausgewählt. Reinhard konnte sich gar nicht von seinen beiden Liebsten trennen. Zu gerne hätte er noch mehr Zeit bei ihnen verbracht. Immer wieder bestaunte er sein kleines Mädchen. Doch Mutter und Kind waren nach der Anstrengung müde und sollten sich jetzt ausruhen. So machte sich Reinhard alsbald auf den Weg nach Hause. Die Nacht war kurz, aber ein paar Stunden Schlaf mussten noch sein, bevor es wieder hieß, arbeiten zu gehen.

Am Morgen warteten Ulrike und Michael neugierig auf die Nachricht ihres Vaters, während sie in der Küche das Frühstück vorbereiteten und sich für die Schule fertig machten. „Ihr habt eine Schwester bekommen. Sie heißt Julia. Mama und der Kleinen geht es gut. Sie kommen vielleicht schon in drei oder vier Tagen nach Hause." Müde betrat Reinhard mit dieser frohen Kunde die Küche, aber das Glück überwog und ließ ihn frohgelaunt in den Tag gehen. Noch bevor er sich allerdings zur Arbeit aufmachte, rief er Oma Liesel an. Sie verfügte inzwischen über einen Telefonanschluss, was die Sache vereinfachte. Liesel freute sich über die gute Nachricht, auch wenn sie sich anfangs skeptisch zu einem dritten Kind geäußert hatte. Ulrike freute sich umso mehr, da ihr Wunsch nach einer Schwester in Erfüllung ging. Michael war dagegen etwas zurückhaltend, denn eigentlich hatte er sich ein Brüderchen gewünscht. Insgeheim war er aber auch froh, nicht sein Zimmer teilen zu müssen. Das sollten die Schwestern später mal unter sich ausmachen, wie sie sich ihr "Revier" aufteilten, dachte er bei sich. Etwas Schadenfreude schwang dabei mit. Schließlich hatte sich Ulrike eine Schwester gewünscht. Zum Spielen verließ sich Michael

lieber auf seinen Freund Thomas.
Nun war es soweit, und Maria kam mit der kleinen Julia aus dem Krankenhaus nach Hause. Reinhard hatte sich, wie schon bei den anderen Kindern, zunächst Urlaub genommen, um Maria zu unterstützen. Sie fühlte sich zwar gut, aber die Schlafunterbrechungen in der Nacht, wenn Julia Hunger hatte und weinte, machten sie tagsüber nicht so leistungsfähig, wie sie wollte. Reinhard zeigte sich beim Saubermachen bemüht. So sah Maria über einiges hinweg und freute sich auf die gemeinsame Zeit, wenn Julia wach war und sie und ihr Mann sie beobachten konnten. „Babys sind so unbedarft. Sie kennen noch nicht den Ernst des Lebens. Sind zufrieden, wenn sie satt sind und eine saubere Windel haben. Dann belohnen sie uns mit einem strahlenden Lächeln. Ist das nicht schön, Reinhard? Ich könnte stundenlang staunen über das kleine Wesen."
„Du hast recht, mein Schatz. Es ist auch für mich immer wieder ein großes Wunder, dieser kleine Mensch. Wir dürfen dankbar sein, dass unsere Kinder alle gesund sind. Komm, wir müssen Essen kochen. Ulrike und Michael kommen bald aus der Schule."
Die Familie schloss das Jahr 1967 beglückt ab.

Kapitel 12

Der Sommer rückte näher, und die ursprünglich von Reinhard geplante längere Reise fiel aus. Stattdessen unternahm die Familie kleine Ausflüge an Badeseen in der Umgebung oder in den Zoo. Hin und wieder kam auch Liesel zu Besuch. Es war ihr lieber, selbst zu kommen. Dann konnte sie bestimmen, wann die Zeit war, wieder zu gehen. Reinhard und Maria hatten sich über die Jahre daran gewöhnt, wenn Liesel sich so distanziert verhielt. Es tat ihnen eher leid, dass sie mit den Enkeln keinen Spaß hatte. Aber das musste sie mit sich ausmachen. Michael konnte mit seiner kleinen Schwester genauso wenig anfangen. Er kümmerte sich umso mehr um seine schulischen Leistungen, denn auch er wollte unbedingt aufs Gymnasium wechseln. Ulrike hingegen entpuppte sich als eine Art Ersatzmutter für ihre kleine Schwester. Sie erzählte Theresa stolz davon, wie sie Julia füttern und wickeln durfte. Das alles natürlich unter Anleitung von Maria, aber es machte ihr großen Spaß. Wenn Theresa auch dazu Lust hatte, fuhren Ulrike und sie mit Julia im Kinderwagen spazieren.

„Du, Ulrike, manchmal bin ich sogar ein wenig neidisch auf dich", gestand Theresa ihrer Freundin eines Tages. „Wenn ich Julia so beobachte, hätte ich auch gerne eine kleine Schwester. Sie ist so süß und weint ganz wenig." „Dann frag doch einfach deine Eltern und äußere deinen Wunsch." „Meinst du, das kann ich machen?" „Na, einen Versuch wäre es wert, oder?", ermutigte Ulrike ihre Freundin.

Für Gerlinde und Ulrich war das Thema Nachwuchs jedoch abgeschlossen.

Genauso hielten es auch Maria und Reinhard. Für sie war die Familienplanung ebenfalls beendet.

Kapitel 13

Nach fast einem Jahr war es soweit und Julia wechselte vom elterlichen Schlafzimmer hinüber in Ulrikes Zimmer. Dazu wurden ein paar neue Möbel angeschafft und die vorhandenen teilweise entfernt oder umgestellt. Für Ulrike war das kein Problem. Wenn ihre kleine Schwester abends verständlicherweise früher ins Bett musste, setzte sie sich zu den Eltern ins Wohnzimmer. Sie sahen gemeinsam fern oder

spielten mit Michael ein Gesellschaftsspiel, bis es für alle Zeit war, schlafen zu gehen.
Maria und Reinhard hatten wenig Zeit, sich miteinander auszutauschen. Maria war abends oft müde von der Hausarbeit. Soweit sie konnte, half sie zusätzlich den Kindern bei deren Schularbeiten. Reinhard wuchs die Arbeit in der Firma manchmal über den Kopf. Trotzdem liebte er sie und konnte sich nichts anderes vorstellen.
„Maria, lass uns dieses Jahr im Sommer in den Urlaub fahren. Ich brauche unbedingt Erholung. Ich schaffe es hier zu Hause nicht, von der Arbeit abzuschalten. Wir könnten uns an der Ostsee ein Ferienhaus mieten. Julia wird dann zwei Jahre sein. Da kann man schon gut mit ihr an den Strand. Sie wird es lieben, im Sand zu buddeln. Die Kinder werden sich wohlfühlen. Was hältst du davon?"
„Das ist eine prima Idee. Ich brauche ebenso mal wieder Tapetenwechsel", antwortet Maria begeistert. Sie überlegten nicht lange, erzählten Ulrike und Michael von ihren Plänen und buchten alsbald ein Ferienhaus nach ihren Bedürfnissen.

Die Zeit bis zu den Sommerferien schien sich für die Familie hinzuziehen. Michael fieberte auf sein Zeugnis hin, was ihm ermöglichte, nach den Ferien aufs Gymnasium zu wechseln. Ulrike hatte noch zwei Jahre bis zum Abitur. Maria und Reinhard zählten die Wochen. Noch vier, noch drei, noch zwei, noch eine Woche. Jetzt wurden die Koffer gepackt, die nötigsten Lebensmittel für die ersten beiden Tage eingekauft und alles, woran man sonst so für einen Badeurlaub denken musste, zurechtgelegt. Dann war es endlich soweit und die Familie machte sich früh morgens auf die Reise. Es dauerte allerdings nicht lange, da meldete sich bei Julia Übelkeit an.
„Halt schnell irgendwo an", bat Maria ihren Mann. „Julia muss sich, glaube ich, übergeben."
Reinhard suchte die nächstbeste Gelegenheit und stellte das

Auto ab. Maria sprang sogleich mit Julia aus dem Auto, als diese sich auch schon ihres Frühstücks entledigte.
„Na, das kann ja toll werden", murrte Michael ein wenig. „Wir sind noch gar nicht lange unterwegs. Dabei wollte ich heute noch an den Strand." „Warte ab, Michael", erwiderte der Vater. „Julia wird sich gleich beruhigen und sicher einschlafen. Dann kommen wir bestimmt schnell voran." So war es zum Glück tatsächlich. Am frühen Nachmittag erreichten sie ihr Ziel. Ein hübsches kleines Ferienhaus erwartete die Familie. Ulrike und Michael durften sich ihre Zimmer aussuchen. Für Julia stand ein Kinderbett mit im Schlafzimmer der Eltern. Das Haus war geschmackvoll und für ein Ehepaar mit Kindern praktisch eingerichtet. Sogar ein wenig Buddelzeug für die Beschäftigung der Kleinsten am Strand war vorhanden. Oder hatten die Vormieter es nur vergessen wieder mitzunehmen? Das Wetter bescherte der ganzen Familie erholsame und vergnügliche Tage an der See. Besonders für Julia war es *das* Paradies. Sie buddelte im Sand oder tapste mit ihren kleinen Füßchen an der Hand der Mutter ins Wasser. Dabei verzog sie keine Miene, obwohl die Temperatur selbst in dieser Jahreszeit recht frisch war. Michael war in der Zeit beschäftigt, mit seinem Vater eine möglichst für ein paar Tage haltbare Sandburg zu bauen. Ulrike saß währenddessen auf der mitgebrachten Liege und las weiter in "Mario und der Zauberer" von Thomas Mann. Über diese Erzählung sollte sie im kommenden Schuljahr eine Rezension schreiben. Abends, wenn Julia bereits im Bett und ganz tief eingeschlafen war, saßen die anderen zusammen, spielten Monopoly oder andere Spiele, die sie im Haus vorfanden.
Reinhard hatte nicht immer Lust dazu. Manchmal zog er sich einfach auf die Terrasse zurück, wo ihn Maria zu später Stunde entdeckte, wenn die beiden anderen Kinder auch im Bett waren. Gedankenversunken saß er da und schien sich

kaum zu bewegen. Maria kannte inzwischen diese Haltung und seinen Blick, mit dem er wohl ganz weit weg schien. Sie fragte sich erneut, woran er denken mochte und was ihn so tief beschäftigte, dass er jedes Mal erschrak, wenn Maria ihn in solch einer Situation ansprach. Es gelang ihr bisher nie, ihren Mann aus der Reserve zu locken. Schnell ging Reinhard zur Tagesordnung über und ließ seine Frau an bestimmten Gedanken nicht teilhaben. Maria wollte die gute Urlaubsstimmung nicht verderben und ließ ihren Mann in Ruhe. Sie nahm sich allerdings vor, bei nächster Gelegenheit zu Hause nicht locker zu lassen und solange zu bohren, bis Reinhard mit der Sprache herausrückte. Manchmal dachte sie, er hätte vielleicht eine Geliebte und wüsste nicht, wie er es ihr beibringen sollte. Aber nein, den Gedanken verwarf sie ganz schnell wieder. Soweit kannte sie ihren Mann schließlich, dass er das auf die Dauer nicht hätte vor ihr verbergen können. Da war sie sich zu hundert Prozent sicher.

Der Urlaub war schneller vorbei, als die Familie es sich wünschte. Die Schulferien waren ebenfalls zu Ende. Und so übernahm der Alltagstrott viel zu rasch wieder die Oberhand. Reinhard fuhr in die Firma, Maria kümmerte sich weiter gewissenhaft um den Haushalt. Ulrike steuerte auf das Abitur zu, und Michaels Schulnoten waren so gut, dass ihm der Lernstoff auf dem Gymnasium offenbar keine Schwierigkeiten bereitete. Julia tangierte der Ernst des Lebens natürlich weiterhin nicht. Sie konnte sich gut mit sich selbst und ihrem Spielzeug beschäftigen. In der Nachbarschaft lernte sie zwar ein anderes kleines Mädchen kennen. Doch eine Freundschaft wollte sich daraus nicht so richtig entwickeln. Maria und Reinhard machten sich manchmal Sorgen darüber, dass ihre Kleinste sich anscheinend selbst genügte.

„Das ist doch für ein Kind in diesem Alter nicht normal", zweifelte Maria. „Denkst du, wir müssten deswegen mal einen Arzt aufsuchen?", fragte sie ihren Mann. „Nein, das wird sich schon geben, wenn Julia erst einmal in die Schule kommt. Da wird sie automatisch mehr Kontakt zu anderen Kindern bekommen. Bis dahin genießt sie es vielleicht, am Tage mit dir alleine zu sein. Ansonsten kümmert sich doch auch Ulrike gerne um sie, wenn sie Zeit hat."
So beruhigte Reinhard seine Frau erfolgreich. Die beiden großen Kinder pflegten hingegen ihre Freundschaften zu Theresa und Thomas intensiv. Und das soweit, dass sie jeweils zu zweit Zukunftspläne für eine Wohngemeinschaft während des Studiums in einer anderen Stadt schmiedeten. Bis dahin verging aber zumindest für die Jungs noch geraume Zeit.

Kapitel 14

Nicht lange nach besagter Situation im Urlaub, als Reinhard völlig gedankenversunken abseits im Wintergarten saß, kam es erneut zu solch einem Augenblick, in dem Maria ihn nicht erreichte. Eigentlich fand zuvor ein gemütliches Treffen mit Gerlinde und Ulrich statt, was schon seit längerer Zeit fällig und geplant war. Sie kamen auf Einladung von Maria und Reinhard an einem Samstagabend zu Besuch. Man trank ein Glas Wein - oder auch mehr - und unterhielt sich nett über dieses und jenes. Das Thema Kinder kam dabei auch vor, wurde aber nicht anstrengend diskutiert. Spät am Abend verabschiedeten sich die Gäste, und Maria begleitete sie zur Wohnungstür. Als sie zurückkam, hatte sie gehofft, Reinhard würde indessen den Tisch schon abgeräumt haben. Doch dies geschah nicht. Im Gegenteil, sie entdeckte ihn versunken in einer Ecke des Wintergartens. Zunächst dachte

Maria, er sei besonders müde und wäre bereits eingeschlafen. Aber dann kam ihr der Anblick sehr bekannt vor. Diesmal wollte sie das nicht so hinnehmen und sprach Reinhard direkt darauf an.

„Was ist nur mit dir los? Immer wieder entdecke ich dich, wie du gedankenversunken dasitzt und weit weg scheinst, sodass ich dich nicht erreichen kann. Warum erzählst du mir nicht, was dich offenbar so tief bewegt und beschäftigt? Diesmal lass ich nicht eher locker, bis du mit der Sprache herausrückst. Es beunruhigt mich nämlich längst. Vertraust du mir nicht?" „Schatz", so sprach Reinhard seine Frau immer liebevoll an. „Ich weiß nicht, wie ich es dir erklären soll", fuhr er fort. Also doch eine Geliebte, fiel Maria sofort ein. Aber das würde sie doch merken. Maria schwirrten sekundenschnell Gedanken und Szenarien durch den Kopf. „Rede am besten nicht lange um den heißen Brei herum, sondern rücke endlich heraus mit der Sprache. Ich werde das schon verkraften, was es auch immer sein mag. Diese Geheimnistuerei habe ich wirklich satt. Und wenn wir die halbe Nacht hier sitzen." Marias Stimme klang fest, aber innerlich zitterte sie wie Espenlaub. „Nun, mein Schatz, bevor wir uns beide kennenlernten, gab es eine andere Frau, mit der ich befreundet war." Reinhard fasste sich ein Herz und wollte nicht weiter schweigen. „Na und, was ist so geheimnisvoll daran? Oder hast du sie wiedergetroffen?", wollte Maria direkt wissen. „Nein, lass mich weiter erzählen. Wir hatten eine ziemlich intensive, aber nur kurze Zeit zusammen. Ich war sehr verliebt in sie. Andererseits war ich noch sehr jung und sie einige Jahre älter als ich. Mit dem Altersunterschied ging es uns beiden bald nicht gut. So trennten wir uns schweren Herzens nach einem halben Jahr. Wenig später bekam ich einen Brief von ihr, in dem sie mir mitteilte, schwanger zu sein. Zunächst wollte ich das nicht glauben und stritt vehement ab, der Vater zu sein." Maria saß mit

offenem Mund da und lauschte gespannt der weiteren Geschichte, ohne Reinhard zu unterbrechen. Der fuhr sichtlich nervös weiter fort. „Meine damalige Freundin versicherte mir, auf keinen Fall gleichzeitig eine andere Beziehung gehabt zu haben. Noch ziemlich unter Schock stehend, glaubte ich ihr letztendlich. Das Kind wurde geboren, und nun war ich zur Unterhaltszahlung verpflichtet. Wie ich erfuhr, war es ein Mädchen mit dem Namen Katharina." „Bekamst du ein Foto von ihr ?", wollte Maria zwischendurch wissen. „Nein, ich bekam nur eine Kopie der Geburtsurkunde und die Angaben zur Bankverbindung, auf die ich den monatlichen Unterhalt überweisen sollte. Ich hatte damals zwar noch versucht, persönlichen Kontakt zur Mutter des Kindes aufzunehmen, was aber ihrerseits abgelehnt wurde." „Warum beschäftigt dich das ausgerechnet jetzt, Jahre später? Und warum hast du mir das nicht längst erzählt? Das ist doch kein Verbrechen! Ich hatte oft das Gefühl, du würdest ein Geheimnis mit dir herumtragen, aber nun muss es endlich gelüftet werden."
Maria ließ nicht locker. Sie wusste im Moment nicht, ob sie dem allem große Bedeutung zumessen sollte. Schließlich begab es sich vor ihrer Zeit. Und von den Unterhaltszahlungen bekam sie nichts mit, denn sie schmälerten offenbar nicht merklich das Haushaltseinkommen. Außerdem lagen die Finanzen allein in Reinhards Hand. Doch die Geschichte war noch nicht zu Ende.
„Du fragst, warum mich das gerade jetzt beschäftigt? Das will ich dir sagen, aber bekomme bitte keinen Schreck." Reinhard zog einen Briefumschlag aus seiner Aktentasche, den er vorsorglich zunächst darin versteckt hatte. „Nachdem mich immer wieder eine Vorahnung beschlich, weil ich wusste, dass dieses Kind bald volljährig sein musste und vielleicht seinen Vater suchen würde, bekam ich vor einiger Zeit überraschenderweise Post von einer Katharina. Sie teilte

mir mit, vor zwei Jahren zu ihrem 21. Geburtstag Unterlagen von ihrer Mutter erhalten zu haben, aus denen sie meinen Namen und meine Anschrift erfuhr. Sie wusste zwar immer, dass der Mann ihrer Mutter nicht ihr leiblicher Vater war. Aber erst mit ihrer Volljährigkeit bekam sie Auskunft über mich. Das veranlasste sie, nach längerer Bedenkzeit mir zu schreiben, mit dem Wunsch, mich kennenlernen zu dürfen. Konkret gesagt, sie möchte mich besuchen." Jetzt war Maria doch ziemlich geschockt. „Dich besuchen? Das heißt, sie will hierher kommen, in unsere Wohnung? Ein wildfremdes Mädchen bzw. eine junge Frau? Das kannst du mir nicht antun. Und was sollen die Kinder sagen? Willst du ihnen erzählen, dass sie eine Halbschwester haben? Ich finde, das geht zu weit. Ich fürchte, unser Familienleben gerät durcheinander. Wenn das meine Mutter erfährt, die schon kein einfaches Verhältnis zu Kindern hat. Nicht auszudenken die ganze Sache!" Aus Maria sprudelten die Fragen und Bedenken nur so heraus. Sie konnte sich gar nicht beruhigen. „Aber Schatz... ", versuchte Reinhard einzuwenden, „ ...aus einem kurzen Besuch soll keine Begegnung mit Familienanschluss werden. Das möchte ich selbst nicht, aber etwas neugierig auf diese Katharina bin ich schon. Außerdem kann ich mich mit ihr ja außerhalb in einem Café oder Restaurant treffen. Dann bekommt niemand etwas mit."
Die letzten Sätze hörte Ulrike, die aus einem Albtraum aufwachte und auf dem Weg zur Küche war, um etwas zu trinken.
„Mit wem willst du dich heimlich treffen? Was soll keiner mitbekommen?" Maria und Reinhard wurden vor Schreck etwas blass, als sie Ulrike in der Tür stehen sahen. Damit hatten sie nun nicht gerechnet. „Es ist nichts, Ulrike, geh wieder ins Bett. Haben wir dich mit unserer Unterhaltung geweckt?", fragte Maria, die immer noch innerlich zitterte. „Nein, ihr habt mich nicht geweckt. Ich habe irgendwie

schlecht geträumt und wollte etwas trinken gehen, um richtig wach zu werden und danach besser weiterschlafen zu können. Auf dem Weg zur Küche habe ich Papas letzte Sätze gehört. Nun sagt mir doch wenigstens, was los ist. Ihr tut so geheimnisvoll, dabei bin ich schon erwachsen und kann auch etwas für mich behalten." Ulrike war inzwischen richtig wach und vergaß sogar ihren Albtraum.

„Für mich war es ein anstrengender Abend. Ich möchte jetzt gerne ins Bett gehen. Lasst uns morgen alles in Ruhe bereden", antwortete Maria auf das Drängen ihrer Tochter. Sie sah ebenfalls zu Reinhard hinüber, der mit dem Vorschlag einverstanden war. Ein bisschen erleichtert war er jetzt schon, nachdem er seiner Frau alles erzählte, was ihn seit längerer Zeit bewegte. Andererseits war ihm noch nicht so ganz klar, wie die Sache mit Katharina weitergehen sollte.

Kapitel 15

Die Nacht war wegen des langen Gesprächs kürzer als sonst. Es half aber alles nichts, denn der Wecker klingelte pünktlich und jeder musste seinen üblichen Aufgaben nachgehen. Überdies boten der darauffolgende Tag und weitere keine Gelegenheit, das brisante Thema noch einmal aufzugreifen. Ulrikes Neugier stieg jedoch. Michael war bei seinem Freund Thomas. Julia war noch zu klein, um zu verstehen, worum es hier ging. So fasste sich Ulrike am Wochenende ein Herz und fragte bei ihrem Vater nach.

„Papa, was ist los. Mit wem willst du dich treffen, was keiner erfahren darf?"

Maria bekam mit, worum es Ulrike ging. Sie zwinkerte Reinhard kopfnickend zu, was bedeutete, er solle seiner

Tochter reinen Wein einschenken. Reinhard fiel es zwar nicht leicht, dennoch erzählte er seiner Tochter ausführlich die ganze Geschichte um Katharina.

„Dann habe ich eine Halbschwester!", war Ulrikes erste begeisterte Reaktion. „Warum dürfen wir sie nicht alle kennenlernen?" „Nein", schaltete sich Maria sofort ein. Ich möchte das nicht. Das war alles vor meiner Zeit. Es geht nur deinen Vater etwas an. Ich möchte damit absolut nichts zu tun haben. Diese Katharina hat in unserer Familie nichts zu suchen." Das waren harte Worte. Reinhard und Ulrike verschlug es förmlich die Sprache. Damit kehrte zunächst völlige Funkstille ein. Einerseits konnte Reinhard seine Frau verstehen, denn er hatte auch nicht die Absicht, Katharina in die Familie mit einzubeziehen. Andererseits war er ein bisschen neugierig auf dieses Mädchen. Wie mochte sie aussehen? Hatte sie Ähnlichkeiten mit ihm? Würde sie denn überhaupt seine Familie kennenlernen und Familienanschluss haben wollen? Reinhard wusste nur, er musste eine Entscheidung treffen, ohne jedoch seine Frau damit zu verletzen.

„Ich schlage euch folgendes vor: Ich antworte Katharina umgehend, indem ich auf ihre Bitte um ein Treffen eingehe. Sie müsste allerdings die Fahrt von Bamberg, ihrem Wohnort, zu uns auf sich nehmen. Ich werde ihr dabei zu verstehen geben, dass sie nicht bei uns wohnen kann und ich mich mit ihr an einem neutralen Ort treffen möchte. Wäre das in deinem Sinne, Maria?" „Gut, damit käme ich zunächst klar." „Könnte ich da mitkommen, Papa?" Ulrike war von der Tatsache, eine Halbschwester zu haben, so fasziniert, dass sie sich nicht zurückhalten konnte. „Nun warte mal ab", bremste Reinhard sie ein wenig. „Ich werde mich erst einmal alleine mit ihr treffen, wenn sie überhaupt auf mein Angebot eingeht. Sollt es eventuell zu einem weiteren Treffen kommen, können wir immer noch überlegen, ob das gut ist, wenn du dabei bist. Und, Ulrike, Mama und ich bitten dich eindringlich, mit keinem darüber zu sprechen. Auch nicht mit deinem Bruder oder deiner besten Freundin. Versprichst du uns das?" „Ja, gut. Es wird mir zwar nicht leicht fallen, aber wenn ihr darauf besteht." Ihr leuchtete zwar nicht wirklich ein, warum ihre Eltern so ein Geheimnis um die ganze Sache machten, aber sie musste sich wohl oder übel an die Anweisungen halten. Damit verschwand Ulrike in ihr Zimmer und lenkte sich mit Musik hören ab.

Während Maria sich ihrer Jüngsten widmete, setzte sich Reinhard an seinen Schreibtisch, um sofort seinen Brief an Katharina zu verfassen. Er brauchte dazu länger, als er dachte. Die Worte sollten wohlbedacht sein. Einerseits freundlich, andererseits aber auch nicht zu überschwänglich. Nach einer Stunde schien ihm seine Antwort, verbunden mit der Einladung an Katharina, perfekt zu sein. Noch am selben Tag schickte er den Brief ab. Nun lag es an Katharina, ob sie ihren Vater weiterhin kennenlernen und auf seine Einladung eingehen wollte.

Die nächsten Tage und Wochen zogen sich für Reinhard hin. Warum antwortete Katharina nicht sofort? Hatte sie vielleicht gehofft, ihr Vater würde zu *ihr* kommen? Er hätte damit auch die Gelegenheit, seine große Liebe von einst zu besuchen – Katharinas Mutter. All diese Gedanken begleiteten Reinhard, obwohl er sich nicht zu sehr da hineinsteigern wollte. Dann endlich, nach genau zwei Monaten, kam ein Brief von Katharina. Als Reinhard von der Arbeit kam, fand er ihn vor. Vorsichtig und mit klopfendem Herzen öffnete er den Umschlag. Darin lag ein DIN A4-Blatt, welches nur halb beschrieben war. Kurz und knapp bedankte sich Katharina für Reinhards Antwort, verbunden mit seiner Einladung. In zwei Wochen würde sie angereist kommen und bei einer Freundin übernachten. Die kenne sie noch von früher, bevor ihre Mutter und deren

Mann mit ihr aus Berlin nach Bamberg zogen. Bei diesem Satz durchfuhr es Reinhard. Sie wohnte in derselben Stadt wie wir, dachte er. Womöglich im selben Bezirk? Ich hätte ihr und ihrer Mutter sogar einmal über den Weg laufen können?! Vielleicht hatte ihre Mutter mich oder unsere Familie beobachtet? Nein, jetzt spielt meine Phantasie verrückt. Da hätte ich doch etwas bemerkt! Reinhard versuchte, wieder auf den Boden der Tatsachen zu kommen. Der Brief endete mit der Angabe einer Telefonnummer, unter der Katharina für die Verabredung eines Treffpunkts erreichbar war. Das bedeutete für Reinhard, Katharina wollte angerufen werden. Am liebsten hätte er es sofort getan, doch er wollte einen Augenblick nutzen, in dem nicht die ganze Familie mithören konnte. Ein paar Tage später gelang es ihm. Seine Finger zitterten vor Aufregung, während er die Nummer wählte. Am anderen Ende der Leitung klingelte es - einmal, zweimal, dreimal, viermal ... Fast wollte Reinhard wieder auflegen, als sich doch noch eine weibliche Stimme mit „Hallo" meldete. „Ist dort Katharina am Apparat?", fragte Reinhard. „Ja, und wer ist dort?", kam die Gegenfrage. „Hier ist dein Vater." Kurzes Schweigen auf beiden Seiten. Man hätte eine Stecknadel fallen hören können. Reinhard fasste sich als Erster wieder: „Wann kommst du mich besuchen? Du hattest geschrieben, du würdest bei deiner Freundin übernachten. Wir könnten uns dann bei ihr in der Nähe in einem Restaurant zum Abendessen treffen."
„Ja, das geht in Ordnung. Ich habe das schon mit meiner Freundin abgesprochen. Nächste Woche bin ich von Donnerstag bis Sonntag bei ihr. Um die Ecke von ihrer Wohnung gibt es eine nette kleine Pizzeria. Wenn du magst, könnten wir uns am Freitagabend dort treffen. Sagen wir, so gegen 18:00 Uhr?" Reinhard staunte über Katharinas Planung, war aber mit allem einverstanden.
Als Maria nach Hause kam, erzählte er ihr von dem Tele-

fonat. Sie nahm es zur Kenntnis ohne näher darauf einzugehen. Reinhard stand die nächsten Tage etwas neben sich. Besonders am darauffolgenden Freitag konnte er sich auf der Arbeit kaum konzentrieren. Das Abendessen fiel für ihn zu Hause aus, was seine Kinder etwas irritierte, denn es war entgegen aller Gewohnheit.

„Euer Vater hat heute noch etwas zu erledigen und isst außerhalb zu Abend", erklärte Maria kurz und deckte den Tisch nur für vier Personen. Ulrike ahnte, was Sache war, und sprach ihre Mutter erst später darauf an, als ihre Geschwister nicht dabei waren. „Trifft sich Papa heute mit meiner Halbschwester?", fragte sie neugierig. „Sag nicht Halbschwester. Das hört sich zu familiär an. Sie heißt einfach Katharina", entgegnete Maria abweisend. „Aber sie ist doch meine Halbschwester. Und ich möchte sie auch gerne kennenlernen", setzte Ulrike noch einen drauf. „Lass uns nicht weiter darüber reden. Frag später deinen Vater, was er davon hält. Und ja, er trifft sich heute mit ihr."

Kapitel 16

Reinhard stand vor dem Restaurant, dessen Adresse Katharina ihm bereits vorher telefonisch mitteilte. Mit weichen Knien, aber doch freudig gespannt, öffnete er die Tür und betrat den Raum. Die Anzahl der Gäste war zu dieser Zeit noch recht übersichtlich. Da kam ihm eine kleine, zierliche junge Frau entgegen. „Du musst mein Vater sein." „Katharina?", fragte Reinhard nach. „Ja, ich bin es. Und dich habe ich mir genau so vorgestellt. Komm mit, ich habe uns schon einen kleinen Tisch in einer gemütlichen Ecke ausgesucht."
Ganz schön forsch, sie weiß, was sie will, dachte sich Rein-

hard, indem er ihr folgte. „Nettes Restaurant. Warst du schon öfter hier? Ich kenne das gar nicht. Na ja, ist ja auch nicht gleich bei uns um die Ecke." Reinhard versuchte erst mal, das Gespräch neutral in Gang zu bringen.

„Ja, immer wenn ich meine Freundin besuche, gehen wir hier eine Kleinigkeit essen", antwortete Katharina. „Nun aber zu uns. Was dachtest du, als du meinen Brief erhieltest? Ich war selbst ganz überrascht, als meine Mutter mir zu meinem 21. Geburtstag Unterlagen übergab, die Angaben zu meinem leiblichen Vater beinhalteten. Ich wusste zwar, dass ihr Mann nicht mein Erzeuger war, aber ich habe ihn immer als Vater erlebt. Übrigens, meine Mutter weiß nichts von meinen Erkundungen nach dir und unserem Treffen heute. Ich habe ein Foto von ihr dabei. Möchtest du es sehen?" „Nein, ich denke nicht. Es ist aufregend genug, dass es dich gibt und wir uns heute hier begegnen. Die Zeit mit deiner Mutter ist lange her. Wir haben uns damals sehr geliebt, aber das ist Vergangenheit. Ich habe unterdessen eine liebe Familie ..." „Ja, erzähl bitte", unterbrach Katharina ihn. „Habe ich Geschwister?" „Du hast drei Halbgeschwister. Ulrike, sie ist mit fast 17 Jahren die Älteste. Michael, er ist fast 14 Jahre alt, und Julia. Sie ist mit gut drei Jahren unser Nesthäkchen." „Oh, wie schön. Das ist toll", unterbrach Katharina erneut. „Dann habe ich zwei Schwestern und einen Bruder. Zuhause war ich das einzige Kind. Wann kann ich deine Familie kennenlernen?" „Katharina, hör mal, das geht mir jetzt alles zu schnell. Außerdem ist meine Frau von unserem Kennenlernen nicht begeistert. Genauer gesagt, sie möchte nicht, dass du Anschluss an unsere Familie bekommst. Tut mir leid, aber du bist über 22 Jahre ohne mich ausgekommen. Und so soll es weiterhin bleiben. Wir können ja hin und wieder beide miteinander telefonieren. Oder, wenn du deine Freundin hier besuchst und ich Zeit habe, können wir uns auch mal treffen. Doch mehr geht

nicht. Sieh das bitte ein."
Reinhard fiel es nicht leicht, so rigoros mit seiner Tochter zu sprechen, denn er fand sie inzwischen sehr nett. Sie hatte so etwas Erfrischendes an sich. Es erinnerte ihn mehr und mehr an seine Liebe von damals, Katharinas Mutter. Doch lang, lang war es her, und das ist gut so, dachte er. Katharina sah ihn jetzt traurig an. Es verschlug ihr förmlich die Sprache. Insgeheim hatte sie sich wohl mehr erhofft. Trotzdem erzählte sie ihrem Vater, wie es ihr in ihrer Kindheit ergangen war. Ihre Mutter hatte es nicht immer leicht. Sie war oft kränklich und konnte daher keiner geregelten Arbeit nachgehen. Die finanzielle Hauptverantwortung lag somit bei dem Mann, von dem Katharina ja bis vor kurzem dachte, er sei ihr richtiger Vater. Jedenfalls fühlte sie sich immer gut und liebevoll von ihm behandelt. Reinhard war erleichtert über diese guten Nachrichten. Manchmal hatte er nämlich ein schlechtes Gewissen, dass er nicht mehr für seine Tochter machen konnte, als „nur" Unterhalt zu zahlen. Die Zeit war inzwischen fortgeschritten, und Reinhard wollte gerne nach Hause gehen.
„Katharina, lass uns den Abend jetzt beenden. Du bist natürlich eingeladen. Ich werde bezahlen und möchte dann nach Hause fahren." „Na gut, wenn du meinst. Ich werde mit meiner Freundin noch etwas zusammensitzen und vielleicht Fernsehen gucken. Sonntag fahre ich wieder ab."
Reinhard nahm die Enttäuschung in Katharinas Stimme wahr. Vor dem Restaurant umarmten und verabschiedeten sich beide auf unbestimmte Zeit. Ohne sich noch einmal umzusehen, lief Reinhard zu seinem Auto.
Katharina berichtete natürlich ihrer Freundin von der Begegnung. Auch später im Bett ließ sie den Abend noch einmal Revue passieren und schlief dann doch glücklich ein.
„Ich bin wieder zu Hause." Reinhard fand Maria und Ulrike im Wohnzimmer vor. Michael und Julia waren bereits im

Bett und schliefen. Maria war schon ein wenig eingenickt. Die Woche empfand sie wieder anstrengend mit all der Hausarbeit. Sie war einfach nicht die Stärkste, wollte es sich aber oft nicht selbst eingestehen. Ulrike las in einem ihrer Schulbücher und wollte es sich nicht entgehen lassen, wenn ihr Vater nach Hause kam.
„Wie war es, Papa?", fragte sie ganz aufgeregt. „Mama hat mir erzählt, du hättest dich mit meiner Halbschwester getroffen. Erzähl, wie ist sie? Wie sieht sie aus? Hast du ihr von uns Kindern erzählt?" Ulrike platzte fast vor Neugier. „Hör auf, Halbschwester zu sagen. Sie heißt Katharina. Das habe ich dir schon einmal gesagt." Maria war fast wieder hellwach, als sie ihre Tochter zurechtwies. „Nun sei doch nicht so hart mit Ulrike", mischte sich Reinhard ein. „Faktisch ist Katharina ihre Halbschwester. Was ist nur los mit dir? Übrigens, sie ist sehr nett. Wir hatten einen schönen Abend. Ich habe ihr aber auch klar gemacht, dass sie nicht mit einem Familienanschluss bei uns rechnen darf. Das hat sie ziemlich traurig gemacht. Ich habe ihr aber andererseits in Aussicht gestellt, hin und wieder mit ihr zu telefonieren oder ..." „Hör endlich auf. Ich will damit nichts zu tun haben, geschweige denn, mehr von deinen Zusagen wissen." Reinhard und Ulrike waren fassungslos über Maria, die sich schnurstracks ins Schlafzimmer begab und ins Bett ging. „Ich denke, wir sollten auch schlafen gehen. Deine Mutter wird sich schon beruhigen. Morgen sieht die Welt wieder anders aus." Mit diesen Worten zog sich auch Reinhard zurück und überließ Ulrike sich selbst.
Die nächste Zeit verging, ohne dass noch einer über jenen besonderen Freitagabend sprach. Reinhard fühlte sich jedoch von Maria mit seinen Gedanken über Katharina alleingelassen. Ulrike überlegte hingegen, wie sie selbst Kontakt zu ihrer Halbschwester aufnehmen konnte. Doch es war vergeblich, ihr Vater rückte weder mit einer Adresse noch

mit einer Telefonnummer von Katharina heraus.
Und Katharina selbst? Lange Zeit gab es keinen Kontakt zwischen ihr und Reinhard. Einerseits wartete sie vergebens auf einen Anruf von ihm. Andererseits traute sie sich nicht, selbst die Initiative zu ergreifen, sich bei ihm zu melden. Sie erinnerte sich noch sehr genau an die Zurückweisung, die sie an jenem Abend im Restaurant von ihrem Vater als solche vernahm.
Unterdessen verhielt sich Maria weiter so, als hätte es diese Episode in Reinhards Leben und insbesondere dieses Treffen zwischen ihm und Katharina nicht gegeben. Sie hatte Angst, ihr Familienleben würde irgendwie durcheinandergeraten. Diese kleine Welt war ihr Ein und Alles. Die wollte sie vor eventuellen Eindringlingen von außen schützen.

Kapitel 17

Im Frühjahr des darauffolgenden Jahres standen für Ulrike die Klausuren zum Abitur an. „Ulrike, was ist los? Hast du geweint?" Maria begrüßte ihre Tochter sorgenvoll, als diese von der Schule nach Hause kam. „Ich glaube, ich habe gleich meine erste Prüfungsklausur verhauen. Wie soll das weitergehen? Dabei habe ich mich so gründlich vorbereitet, aber mit diesem Thema in Biologie konnte ich nichts anfangen. Mama, es ist schrecklich. Ich schaffe das Abitur nicht." „Nun übertreibe doch nicht gleich. Du warst bisher so gut in der Schule. Es muss nicht alles perfekt sein. Du wirst das schon schaffen. Komm, setz dich. Wir trinken eine Tasse Tee zusammen und danach bereite ich das Mittagessen vor." Maria versuchte, ihre Tochter zu beruhigen und nahm sie dabei behutsam in die Arme.

„Ich möchte heute kein Mittag essen. Ich gehe nachher noch zu Theresa. Wir wollen uns die Unterlagen für die nächste Prüfungsklausur nochmal gemeinsam ansehen."
Ulrike und Theresa unterstützten sich gegenseitig, seitdem sie sich von Grundschulzeiten an kannten und befreundet waren.
„Ulrike, das geht nicht. Du musst etwas essen und dich für die nächsten Prüfungstage stärken", wandte ihre Mutter ein.
„Na gut", antwortete Ulrike, „aber danach gehe ich sofort zu Theresa."
Inzwischen kamen Michael und Reinhard nacheinander nach Hause. Beim gemeinsamen Abendessen erzählte jeder von seinem Tagesgeschehen, wobei Ulrikes Sorgen mehr im Mittelpunkt standen. „Ist das Abitur wirklich so schwer?", wollte Michael wissen. Er hatte damit zwar noch etwas Zeit, wollte aber mit seinen Leistungen Ulrike in nichts nachstehen. „Frag mich nochmal, wenn ich alle Klausuren geschrieben und die mündliche Prüfung hinter mir habe", antwortete Ulrike, verschlang den letzten Bissen ihres Essens und machte sich sogleich auf den Weg zu ihrer Freundin.
Das gemeinsame Lernen, sich gegenseitig Mut zusprechen und Trost geben, half beiden Mädchen durch die letzten Prüfungstage. Drei Monate später erhielten sie das Ergebnis. Abitur mit Bravour bestanden! Die Eltern waren natürlich stolz auf ihre Töchter. Das musste gefeiert werden. Nachdem die Ausgabe der Zeugnisse in der Schule mit einer Rede des Rektors im Rahmen einer kleinen Feierstunde stattfand, bereiteten die Mütter eine Woche später ein gemeinsames Kaffeetrinken bei Gerlinde und Ulrich vor. Es wurde ein gemütlicher Nachmittag. Die Eltern erinnerten sich an ihre Schulzeit und erzählten von so manchen Streichen, die zu ihrer Zeit allerdings noch hart bestraft wurden. Außerdem fand der Unterricht auf Grund der Kriegszeiten nicht regel-

mäßig statt. „Nun erzähl mal, Ulrike, wie geht es bei dir weiter?", wollten Gerlinde und Ulrich wissen. „Ich möchte studieren, am liebsten Mathematik. Das war in der Schule mein Lieblingsfach. Zusätzlich vielleicht noch Erdkunde, um dann mit den beiden Fächern Lehrerin zu werden. Das sind so meine Vorstellungen. Ich hoffe, meine Wünsche erfüllen sich." „Da weißt du ja ganz konkret, was du willst." „Weißt du das nicht, Theresa?", fragten Maria und Reinhard, fast gleichzeitig nach. „Na ja, so ganz konkret nicht. Vielleicht möchte ich Ärztin werden, aber das Studium soll ziemlich schwer sein. Ich weiß nicht, ob ich das schaffe. Vielleicht fange ich vorher als Krankenschwester an", antwortete Theresa. „Aber du hast doch auch ein ausgezeichnetes Abitur. Damit bekommst du sofort einen Studienplatz in Medizin. Wechseln kannst du dann immer noch, wenn es nichts für dich ist. Aber beginnen würde ich an deiner Stelle schon damit." Reinhard versuchte, Theresa damit Mut zu machen. Michael und Thomas wurden ganz blass, als sie von den Plänen ihrer großen Schwestern hörten. „Keine Angst, ihr habt noch Zeit. Außerdem seid ihr doch auch ganz gut in der Schule, was ich so mitbekomme", beruhigte Ulrike wiederum die beiden Jungen. „Ich glaube, wir müssen langsam nach Hause gehen. Ich will noch das Essen für morgen vorbereiten. Oma Liesel kommt vorbei, um dir ebenfalls zu gratulieren, Ulrike. Es war ein sehr schöner Nachmittag bei euch", bedankte sich Maria. „Das nächste Mal kommt ihr wieder zu uns." „Nichts zu danken", erwiderte Gerlinde. „Es war gemütlich mit euch. Und ich finde es schön, dass die Kinder so zusammenhalten. Kommt gut nach Hause. Bis bald mal wieder."
Der nächste Tag mit Oma Liesel wurde etwas anstrengender. Diesmal kam sie zwar pünktlich, aber irgendwie war die Atmosphäre mit ihr immer etwas angespannt. Überraschenderweise lobte sie die von Maria zum Mittagessen zube-

reiteten Rouladen. Bei Ulrikes Abiturzeugnis hielt sie sich dagegen leider zurück. Es schien, als wäre es für sie selbstverständlich, dass ihre Enkel strebsam in der Schule waren. Ulrike kannte das zwar von ihrer Oma nicht anders, enttäuscht war sie trotzdem. Nichtsdestotrotz erzählte sie ihr von ihren Studienplänen. Liesel nickte zustimmend, wandte sich dann aber Michael zu.

„Und was macht die Schule bei dir, mein Junge", fragte sie, wobei ihr Gesichtsausdruck dabei nicht auf wirkliches Interesse schließen ließ. „Ich habe noch drei Jahre Zeit bis zum Abitur, möchte es dann aber genauso gut abschließen wie Ulrike. Und danach? Ich glaube, ich möchte dann gleich Geld verdienen und nicht vorher studieren." Das sollte als Antwort genügen, dachte sich Michael und verabschiedete sich, nachdem alle mit dem Mittagessen fertig waren, in sein Zimmer. „Und du, Julia? Wann kommst du in die Schule?" Damit wandte sich Oma Liesel ihrem dritten Enkelkind zu. „Dieses Jahr im Herbst. Ich freue mich schon darauf. Dann lerne ich genauso gut wie Ulrike und Michael und werde auch Lehrerin." „Das hört sich gut an. Ihr habt ja richtig strebsame Kinder. Gut so! Nicht wie die Jugend von heute, die nicht weiß, was sie will und nur Flausen im Kopf hat." Mit diesen Sätzen schaute Liesel zu Maria und Reinhard, die sich jeglichen Kommentar verkniffen. Sie wussten, es hätte keinen Sinn, mit Liesel zu diskutieren.

„Eigentlich war es doch wieder langweilig mit deiner Mutter", resümierte Reinhard am Abend, als er mit seiner Frau über den Tag nachdachte. „Ich weiß, aber so ist meine Mutter nun einmal. Mir tun nur die Kinder leid, weil ihre Oma wirklich wenig Interesse an ihnen zeigt. Sie ist eben unnahbar. Das habe ich als Kind selbst schon erlebt. Wer weiß, wie sie erzogen wurde oder wie wenig herzlich ihre Eltern waren. Ich habe meine Großeltern leider nicht mehr erlebt. Sie sind beide früh verstorben." Damit versuchte

Maria ihre Mutter wohl zu entschuldigen.

Kapitel 18

Der Spätsommer 1974 nahte. Ulrike hatte ihren gewünschten Studienplatz in Mathematik und Erdkunde erhalten. Während sie sich mit den Gegebenheiten an der Universität vertraut machte, begann für ihre kleine Schwester die Schulzeit. Anfangs fiel es Julia nicht leicht, für ein paar Stunden täglich von ihrer Mutter getrennt zu sein. Schließlich waren sie beide bisher den halben Tag, bis Ulrike und Michael aus der Schule kamen, immer zusammen. Das war für Julia sehr schön, zumal Maria neben ihrer Hausarbeit Zeiten einschob, um sich mit Julia zu beschäftigen. Sie spielten miteinander, saßen angekuschelt auf der Couch und hörten sich über den Kassettenrecorder eine Geschichte an oder gingen einkaufen, wobei für Julia hin und wieder eine Süßigkeit abfiel. Von daher dauerte es ein wenig, bis sich Julia in der Schule eingewöhnte. Doch nach und nach machte sie ihr sogar Spaß. Sie freute sich jeden Tag auf ihre Klassenlehrerin, die sie überaus nett fand. Auch Frau Polzin, so stellte sie sich ihren Schülern vor, war begeistert über ihre Erstklässler. Sie staunte, wie schnell sich Freundschaften unter den Kleinen entwickelten und dementsprechend Sitzplätze getauscht wurden. In diesem Tempo kannte sie es von anderen Klassen nicht. Das erleichterte es ihr jedoch, auch von ihrer Seite aus für gute Lernbedingungen zu sorgen. Julia hatte in ihren großen Geschwistern Vorbilder, was das Lernen betraf. Dabei machte ihr ihre Ungeduld oft zu schaffen.
„Mama, wann kann ich endlich richtig schreiben? Ich

dachte, das lerne ich in der Schule ganz schnell. Außerdem möchte ich endlich lesen können. Dann musst du mir nicht immer aus meinen Büchern vorlesen." „Nun mal langsam, Julia. Ulrike und Michael konnten das zu Beginn ihrer Schulzeit auch nicht sofort. Du kannst wenigstens schon deinen Namen schreiben. Hab Geduld. Außerdem lese ich dir gerne vor."
Maria staunte nicht schlecht über den Eifer ihrer Jüngsten. Als sie an einem der nächsten Abende ihrem Mann davon erzählte, beruhigte dieser sie. „Warte ab, mein Schatz, das ist nur der Anfang. Julia wird deshalb kein Überflieger. Es ist doch schön, wenn sie gerne zur Schule geht und Frau Polzin wohl ein gutes Händchen hat, ihre Schüler zu motivieren. Die Zeiten kommen noch, in denen Julia feststellen wird, wie anstrengend Schule sein kann und es dann nicht immer Spaß macht zu lernen." „Wie sachlich du das siehst!", erwiderte Maria nur kurz.
Julias beide ersten Schuljahre vergingen wie im Fluge. Die Schule machte ihr weiterhin Spaß, zumal sie endlich Erfolge im Schreiben und Lesen sah. Aber das war nicht das Einzige, woran sie Freude hatte. Ein Klassenkamerad namens Frank erlangte Julias Aufmerksamkeit. Seine blonden Locken und das fast schelmische Grinsen, wenn er an Julia vorbeiging, faszinierten sie. Er war ein sehr fröhlicher und manchmal auch ein bisschen frecher Junge. So fasste sie eines Tages Mut, nahm sich zu Hause einen kleinen Zettel vor und malte darauf einen Jungen und ein Mädchen. Dazu schrieb sie in Schönschrift, wie sie sie gelernt und immer wieder geübt hatte: Lieber Frank, ich habe dich lieb, Julia!!! Wie sollte nun aber dieser Zettel den Adressaten erreichen? Julia faltete ihn einmal und legte ihn sorgfältig zwischen zwei Bücher in ihre Schultasche. Ihr würde schon einfallen, wie sie ihn heimlich Frank zukommen lassen würde. Der nächste Schultag begann, wie üblich, morgens um acht Uhr.

Die Schulglocke erinnerte alle Ankommenden und die, die noch auf dem Schulhof herumhopsten, sich pünktlich in ihren Klassenräumen einzufinden. Julia sah sich um und entdeckte Frank auf seinem Platz zwei Reihen hinter ihr. Ihr Herz bummerte bei dem Gedanken an ihren kleinen Liebesbrief. Gleich nach der ersten Stunde, in der Pause, wollte sie ihm den Zettel heimlich geben. Schließlich sollte es ja kein anderer in der Klasse mitbekommen. Oder doch lieber nach der letzten Schulstunde, damit sie danach gleich nach Hause gehen konnte? Ein bisschen peinlich war es ihr nämlich schon, da sie Franks Reaktion nicht einschätzen konnte. Würde er sie womöglich auslachen? Julia entschied sich für die letzte Stunde, was jedoch bedeutete, dass sich die Aufregung steigerte. Zum Glück hatte die Klasse an diesem Tag nur insgesamt drei Schulstunden. Als Julia nun den Zettel aus der Tasche herausholen wollte, war er weg. Wie konnte das sein? Sie hatte ihn doch so sorgfältig zwischen zwei Bücher .... - Oh, dachte sie, er musste herausgefallen sein, als sie im Unterricht das Buch mit den Rechenaufgaben brauchte. Aufgeregt sah sie unter der Schulbank und ihrem Tisch nach. Was war, wenn den Zettel ein anderer in der Klasse fand und sich jetzt lustig über sie machen würde? Julia sah noch einmal überall nach, aber der Zettel war nicht zu finden.
„Hast du etwas verloren?", fragte Frau Polzin nach. „Hmm, nein, ich dachte, mein Lineal sei aus der Federtasche auf die Erde gefallen", stotterte Julia etwas verlegen. „Aber ich habe es schon gefunden."
Inzwischen waren alle Schüler draußen, und Julia und Frau Polzin verließen als letzte das Klassenzimmer. Etwas traurig und gleichzeitig unsicher, wo ihr wertvoller Zettel abgeblieben sein konnte, schlenderte sie nach Hause und verschwand gleich in ihrem Zimmer. Maria bemerkte Julias Rückzug natürlich sofort und ging ihr hinterher.

„Was ist los? Du hast noch nicht einmal 'Guten Tag' gesagt. Geht es dir nicht gut? Ist in der Schule etwas passiert?", fragte Maria besorgt nach, nichts ahnend, dass es mit dem kleinen Liebesbrief zu tun hatte. Julia kamen inzwischen ein paar Tränchen, doch so richtig mit der Sprache herauskommen wollte sie eigentlich nicht. Das ging doch nur sie und Frank an. Maria ließ aber nicht locker und fragte noch einmal nach.

„Was ist los, Julia, du schaust so traurig? Du kannst mir alles sagen." „Mama, da ist ein Junge in meiner Klasse. Er heißt Frank ..." Ehe sie weiter reden konnte, warf ihre Mutter hastig ein: „Hat er dir etwas getan? Ich komme morgen mit in die Schule und rede mit Frau Polzin." „Nein, Mama, er hat mir nichts getan. Im Gegenteil, ich mag ihn sehr gerne. Und ich dachte, er mag mich auch. Und darum habe ich ihm einen kleinen Zettel geschrieben." Julia benutzte nicht das Wort Liebesbrief. Das war ihr zu peinlich vor ihrer Mutter. „Und als ich ihm den geben wollte, war er einfach verschwunden. Dabei habe ich ihn ganz ordentlich zwischen meine Bücher gelegt, aber da ist er nicht mehr gewesen." Julia rannen weitere Tränen die Wange herunter. Maria spürte, wie ernst es ihrer Kleinen war. Ein flaues Gefühl überkam sie, denn sie war diejenige, die den kleinen Liebesbrief in Julias Tasche fand, als sie die Schulbrote dort hineinlegte und ihn an sich nahm. Was hatte sie sich nur dabei gedacht? Unmöglich konnte sie Julia das erzählen. Es zerbrach ihr fast das Herz, als sie ihre kleine Tochter so traurig sah.

Als Reinhard am späten Nachmittag von der Arbeit kam, war Julias bedrückte Stimmung immer noch zu spüren. Allerdings war er zu müde, um nach dem Grund zu fragen. So, wie er seine Tochter kannte, würde sie sicher mit ihrem Leid selbst zu ihm kommen und Trost suchen. Doch diesmal war es anders. Julia verkroch sich auch nach dem Abendessen sofort wieder in ihr Zimmer.

„Was ist denn mit unserer Jüngsten los?", erkundigte sich Reinhard schließlich bei seiner Frau. „Ach nichts, das geht nur uns Frauen an. Morgen ist wieder alles in Ordnung. Du musst dir keine Gedanken machen." Mit einer kurzen Handbewegung wischte Maria das Thema vom Tisch. Es war ihr eben sehr unangenehm. Wohin nun aber mit dem Zettel, dem sogenannten ersten Liebesbrief ihrer kleinen Tochter? Sie legte ihn zuunterst in die Dokumentenmappe, in der sich im Laufe der Jahre viele wichtige oder aufbewahrenswerte Papiere ansammelten. Dazu gehörten zum Beispiel die ersten Bilder, die Julia zum Muttertag oder zu Geburtstagen ihrer Eltern malte, Schulzeugnisse, Impfbescheinigungen, Postkarten von Klassenfahrten und vieles mehr über ihre Kinder. Das alles sammelte sie, um es später ihren erwachsenen Kindern zu übergeben oder sogar einmal Enkelkindern zu zeigen.

Nicht nur der kleine Liebesbrief war bald Vergangenheit. Auch Frank gehörte dazu, denn er kam eines Tages nicht mehr zur Schule. Frau Polzin informierte die Klasse darüber, die Eltern seien mit Frank in eine andere Stadt gezogen. Das war angeblich so spontan, dass selbst Frank überrascht war und sich nicht mehr persönlich von seinen Klassenkameraden verabschieden konnte. Na ja, wer weiß, was wirklich dahinter steckte, fragten sich alle Beteiligten in der Schule. Julia überlebte ihren ersten Liebeskummer, wobei das natürlich auch nicht ihr letzter gewesen sein sollte. Zum Glück tat das ganze Ereignis ihrem Lerneifer keinen Abbruch, worüber besonders Maria recht froh war. Dennoch behielt sie das Geheimnis des von ihr entwendeten Zettels für sich.

Kapitel 19

Die Kinder wurden immer selbständiger und brauchten ihre Eltern immer weniger. Sogar Julia fragte ihre Mutter eines Tages, ob es ihr zu Hause nicht langweilig sei und sie nicht lieber arbeiten gehen wolle. Für Maria war das eher befremdlich. Sie war doch all die Jahre nur für die Familie und den Haushalt da. Langeweile kam bisher nicht auf. Irgendwie konnte sie sich immer beschäftigen oder einfach nur mal dasitzen, Musik hören und vor sich hin träumen. Außerdem war ihre Mutter inzwischen sehr hilfsbedürftig geworden. So sah Maria bis zu deren Tod darin ihre Aufgabe, denn in ein Heim wollte sie sie, solange es eben ging, nicht geben.

Ursprünglich hatten Ulrike und Michael mit ihren Freunden Theresa und Thomas mal über eine Wohngemeinschaft während ihrer Studentenzeit phantasiert. Letztendlich wurde daraus jedoch nichts. Michael und Thomas absolvierten ihr Abitur zwar auch gut, aber studieren wollten sie dann doch nicht. Sofort Geld verdienen, darin lag der Reiz nach Beendigung der Schulzeit. Jeder von beiden hatte ganz unterschiedliche Vorstellungen. Während Thomas eher eine gesicherte Stelle im öffentlichen Dienst bevorzugte und seine Schreibtischtätigkeit in der Justizverwaltung lieben lernte, zog es Michael in die freie Wirtschaft. Er entwickelte erstaunliche handwerkliche Fähigkeiten, die man ihm früher gar nicht zutraute.

„Mit deinem Abitur könntest du aber etwas Besseres tun, als dir die Finger schmutzig zu machen." Reinhard versuchte, auf seinen Sohn einzuwirken, weil er dessen Entscheidung nicht verstand.

„Papa, ich habe keine Lust, tagein, tagaus Akten zu wälzen, wie Thomas das vielleicht in seinem Beruf macht. Ich will etwas mit meinen Händen produzieren, selbst wenn ich sie mir dabei schmutzig mache. Ich habe mich bei verschiedenen Tischlereien beworben und tatsächlich von drei Firmen eine Zusage erhalten. So dumm scheine ich mich also bei den Eignungstests nicht angestellt zu haben. Sieh mal, Tischler werden immer gebraucht. Und wenn ich richtig gut bin, kann ich mich später vielleicht selbständig machen. Dann eröffne ich eine eigene Tischlerei und lasse andere für mich arbeiten." „Na, du hast ja Vorstellungen!", staunte jetzt auch Maria, als sie dazu kam und von Michaels Träumen hörte. „Aber meinen Segen hast du. Und dein Vater wird sich daran gewöhnen müssen, dass du deinen eigenen Weg gehst." Und zu ihrem Mann gewandt sagte Maria: „Sei zufrieden. Vor einiger Zeit wusste dein Sohn noch nicht, was er werden wollte. Ich finde seine Entschlusskraft prima. Sei versöhnlich mit ihm. Er wird sich schon machen." „Ja, du hast ja Recht. Ich denke nur manchmal, er soll es später einfach besser haben als ich. Weißt du noch, wie ich mich abgemüht habe und so wenig Geld verdiente, dass wir uns lange keinen Urlaub leisten konnten?" „Das sind jetzt andere Zeiten. Und wenn Michael das gerne machen möchte, ist es vernünftiger, als wenn er in irgendeinem Büro sitzt und Arbeit verrichtet, die ihn nicht erfüllt."
Michael hörte den Argumenten seiner Eltern gespannt zu und freute sich über das ihm von seiner Mutter entgegengebrachte Verständnis. Julia wechselte inzwischen zur Oberschule. Allerdings reichte die Empfehlung der Lehrerin nicht für das Gymnasium.
„Kein Problem", trösteten die Eltern sie, „ein guter Realschulabschluss ist ebenso etwas wert. Und danach kannst du immer noch überlegen, ob du das Abitur nachholst." Julia spürte instinktiv einen gewissen Druck der Eltern. Ihre

beiden großen Geschwister hatten Abitur, also müsste sie es ebenso machen, egal auf welchem Wege. Julia tauschte sich darüber mit ihrer großen Schwester aus. Zu ihr bestand seit eh und je ein besonderes Vertrauensverhältnis. Obwohl die Interessen auf Grund des großen Altersunterschiedes von gut dreizehn Jahren sehr verschieden waren, entwickelte sich über die Jahre irgendwie eine besondere innige Verbundenheit zueinander. Ulrike überlegte manchmal, ob Michael das spürte und sie und Julia ihn im gewissen Sinne damit ausschlossen. Denn weder sie noch Julia hatten solch ein Verhältnis zu ihrem Bruder. Eine plausible Erklärung dafür fanden sie nicht. Allerdings gab es hin und wieder von Michaels Seite aus kleine Sticheleien, die auf eine gewisse Eifersucht seinerseits schließen lassen konnten. Zum Beispiel wunderte sich Michael, wenn die Eltern Neuanschaffungen größerer Art in der Wohnung zuerst der großen Tochter erzählten, bevor er es erfuhr. Julia machte sich hingegen darüber keine Gedanken. Sie fand Michaels Erwartung, ihn bei solch banalen Dingen gleichzeitig mit einzubeziehen, eher albern. Leider wiederholten sich ähnliche Situationen. Doch gelang für alle Beteiligten in der Familie kein zufriedenstellendes Gespräch darüber. Wie sollte es auch aussehen? Michael bestritt seine Eifersucht und alle anderen versicherten ihm, dass sich keine böse Absicht dahinter verbarg. So machte jeder weiter wie bisher. Von außen betrachtet, verteilten Maria und Reinhard ihre Zuwendung an alle Kinder gleichmäßig. Sie meinten es gut. Doch oft genug reichte es nicht aus, da jedes der drei Kinder es individuell anders empfand und auch anders damit umging.

Ulrike steckte ihre ganze Aufmerksamkeit und Energie in ihr Studium. Außerdem war es für sie längst an der Zeit, mit zwanzig von Zuhause auszuziehen, dachte sie. Mit diesem Gedanken überraschte sie eines Tages ihre Eltern, die erst

gar nicht begeistert schienen.
„Wie? Du willst ausziehen? Wie willst du das finanzieren? Eine eigene Wohnung, die Miete, die Einrichtung und sonst die Kosten zum Lebensunterhalt?" Maria machte sich weit mehr Gedanken als Reinhard. Er schwenkte schnell um und fand die Idee dann doch gar nicht mehr so schlecht. „Ulrike sollte in den Semesterferien arbeiten gehen und entsprechend ihren finanziellen Beitrag leisten. Im Übrigen können wir sie auch finanziell unterstützen. Das Kindergeld vom Staat geben wir ihr zusätzlich", erklärte Reinhard sich bereit.
„Lass das nicht Michael hören. Sonst fängt die Diskussion von vorne an, von wegen, Ulrike wird bevorzugt. Oder er will ebenfalls ausziehen und erwartet dieselbe Unterstützung.", erwiderte Maria. „Das ist doch ganz etwas anderes. Michael ist bald mit seiner Ausbildung fertig und verdient sicher genug Geld, um nicht in gleicher Weise wie Ulrike auf uns angewiesen zu sein. Übrigens ist es dann eigentlich sowieso an der Zeit, dass er sich eine eigene Wohnung nimmt. Für die ersten Anschaffungen von Möbeln usw. erhält er natürlich ebenso einen Zuschuss."
Maria ging das alles viel zu schnell. Sie ging doch in ihrer Mutterrolle total auf, und nun würden die beiden ältesten Kinder einer nach dem anderen ausziehen!? Für sie weiterhin undenkbar. Sie besprach ihre Bedenken noch tagelang mit ihrem Mann. Reinhard war allerdings langsam genervt von diesem Thema.
„Maria, versteh doch", behutsam ging er auf seine Frau ein, „die Kinder sind erwachsen geworden und wollen ihr Leben leben. Das heißt doch nicht, sie würden dich als Mutter vergessen. Natürlich wünschen wir uns, sie fragten uns um Rat, wenn sie Probleme haben. Und ich glaube ganz gewiss, sie werden auch immer wieder gerne zu Besuch nach Hause kommen. Aber jetzt heißt es, sie mal ganz loszulassen. Und wenn du ehrlich bist, Ulrike und Michael sind doch jetzt

schon kaum noch zuhause. Entweder hat Ulrike lange Vorlesungen in der Uni und Michael muss nach der Berufsschule noch in die Firma oder sie treffen sich mit Freunden. Außerdem ist Julia noch da, auf die du deine ganze Mutterliebe richten kannst." Letzteres sagte Reinhard mit einem Augenzwinkern, denn er ahnte, Maria würde sich dann ganz besonders auf Julia "stürzen". Maria war zwar den Tränen nahe, weil der beabsichtigte Auszug der Kinder für sie so etwas Endgültiges hatte. Dennoch wusste sie seit langem, dass es eines Tages so sein müsste. Letztlich wollte sie ihren Kindern auch keine Steine in den Weg legen.

„Wie immer hast du Recht", entgegnete sie ihrem Mann. „Für eine Mutter ist es eben schwierig, auf so eine gewisse Art Abschied zu nehmen. Einerseits bin ich stolz auf Ulrike und Michael und traue ihnen ihre Selbständigkeit auf alle Fälle zu. Andererseits ..." „Na was, andererseits?", unterbrach Reinhard. „Wenn wir den Kindern nicht zeigen, dass wir ihnen vertrauen, werden wir sie verlieren, indem sie sich von uns abwenden. Dann werden sie uns nur noch aus irgendeinem Pflichtgefühl besuchen kommen, wenn überhaupt. Darauf wollen wir es doch nicht ankommen lassen, oder Maria?" „Nein, natürlich nicht. Ich habe ja bereits gesagt, du hast wie immer Recht. Und jetzt lass uns das Thema beenden, sonst finde ich gar keine Ruhe mehr darüber."

Kapitel 20

Nur kurz nach ihrer Ankündigung folgte Ulrikes Auszug aus der elterlichen Wohnung. Eine Kommilitonin wechselte ihr Studienfach und ging dafür an die Universität einer anderen Stadt. Ulrike erfuhr durch einen Aushang in der Uni von der freien Wohnung und der Suche nach einem Nachmieter. Sie setzte sich kurzfristig mit der Kommilitonin in Verbindung und konnte bereits am darauffolgenden Wochenende einen Besichtigungstermin mit der Vermieterin ausmachen. Eine nette ältere Dame begrüßte Ulrike am vereinbarten Treffpunkt und präsentierte ihr eine kleine Eineinhalb-Zimmer-Wohnung in der ersten Etage eines Altbaus unweit der Universität.

„Wissen Sie", begann Frau Reimann - so stellte sie sich Ulrike vor - „anfangs war ich eher skeptisch, wenn sich junge Menschen, wie Sie es sind, um meine Wohnung beworben haben. Ich ging von unpünktlichen Mietzahlungen aus, stellte mir das Feiern wilder Partys am Wochenende mit erheblicher Lärmbelästigung vor und am Ende würde ich als Vermieterin Ärger mit den anderen Hausbewohnern bekommen. Als mein Enkelsohn mir allerdings erklärte, genau wegen solcher Vorurteile von Vermietern, selbst Schwierigkeiten bei einer Wohnungssuche an seinem Studienort gehabt zu haben und mir das sehr leid tat, änderte ich meine Einstellung. Bisher habe ich wirklich gute Erfahrungen mit der Vermietung, hauptsächlich an Studenten, gemacht. Die örtliche Nähe der Wohnung zur Universität bietet sich ja förmlich an. Sie werden aber verstehen, wenn ich einen Bürgen für die Mietzahlungen haben möchte. Ich vermute nämlich, Sie verdienen während Ihres Studiums selber noch nicht so viel Geld, um sich die Wohnung leisten zu können." Während der ausführlichen Begrüßungsrede sah sich Ulrike genauestens um.

„Ja, zum einen gefällt mir die Wohnung so gut, dass ich sie sehr gerne mieten möchte. Zum anderen werden meine Eltern mich unterstützen und zusätzlich sicher bereit sein zu bürgen. Außerdem gehe ich nebenbei etwas arbeiten und leiste ebenfalls meinen finanziellen Beitrag. Sie brauchen sich also keine Sorgen zu machen. Und wilde Partys feiern,

ist schon gar nicht mein Fall. Man sagt von mir, ich gehöre eher zu der Sorte Streber, die über ihren Büchern sitzt und lernt, als um die Häuser zu ziehen oder Halligalli in der Wohnung zu machen." „Gut, dann bin ich einverstanden und Sie können die Wohnung mieten. Zum nächsten Ersten ist sie komplett frei. Ich setze inzwischen den Mietvertrag auf. Sie kommen am besten so zwei, drei Tage vorher mit Ihren Eltern bei mir vorbei, damit wir die restlichen Formalitäten erledigen können. Die Adresse gebe ich Ihnen noch."
Frau Reimann wirkte sehr förmlich, was Ulrike letztendlich egal war. Hauptsache, sie bekam die Wohnung, worüber sie sehr glücklich war.
„Entschuldigung, Frau Reimann, ich kenne die Vormieterin. Sicher kann ich mit ihr absprechen, ob und gegebenenfalls welche Einrichtung ich übernehmen könnte. Ist es nicht möglich, die Schlüssel dann schon vorher zu erhalten?" „Na meinetwegen, aber allerhöchstens zehn Tage vor Monatsende. Sagen Sie mir bitte rechtzeitig Bescheid", willigte Frau Reimann ein.
Beschwingt spazierte Ulrike nach Hause und berichtete ihren Eltern von der Neuigkeit. „Ihr bürgt doch für mich, oder?", fragte sie jedoch etwas zögerlich. „Es klingt, als hättest du Sorge, deine Eltern würden dich jetzt im Stich lassen", entgegnete Ulrikes Vater. „Nein, keine Angst. Deine Mutter und ich haben längst besprochen, wie wir dich unterstützen können, aber die Bedingung ist, du trägst mit zum Unterhalt bei." „Ja, selbstverständlich. Ich will sowieso nebenbei etwas arbeiten gehen, um einmal zu sehen, wie es außerhalb von Schule und Uni zugeht. Ich bin euch sehr dankbar. Frau Reimann, die Vermieterin, möchte euch auch kennenlernen. Außerdem müsst ihr den Mietvertrag mit unterschreiben. Wenn alles gut geht, kann ich die Wohnungsschlüssel bereits zehn Tage vor Monatsende bekommen. Ich muss gleich morgen mit meiner Kommilitonin sprechen." Ulrike war

inzwischen ganz aufgeregt. Eine eigene Wohnung! Das musste sie unbedingt ihrer Freundin erzählen. Theresa freute sich mit Ulrike, als sie die neuesten Neuigkeiten erfuhr.
Michael und Julia hatten inzwischen mitbekommen, warum Ulrike in den letzten Tagen etwas aus dem Häuschen war. Würde sich meine große Schwester jetzt nicht mehr um mich kümmern, wenn sie auszieht? Das waren Julias erste Gedanken. Ein wenig traurig teilte sie Ulrike ihre Sorge mit. „Aber nein, Julia, ich wohne doch nicht weit weg von euch. Du kannst mich jederzeit besuchen kommen, wenn du magst. Außerdem werde ich immer wieder mal hier Zuhause aufkreuzen. Ich bin doch nicht aus der Welt, bloß weil ich ausziehe. Im Übrigen hast du nun mehr Platz im Zimmer wenn du deine Freunde einlädst." Ulrike nahm ihre kleine Schwester, die sehr an ihr hing, liebevoll in die Arme und tröstete sie. „Du wirst das später, wenn du von Zuhause ausziehst, verstehen. Es gibt einen Zeitpunkt, da will und muss man einfach auf eigenen Füßen stehen und sein Leben gestalten. Das hat nichts damit zu tun, dass man sich von der Familie trennen will."
Michael hingegen nahm es nicht so schwer. Ihm ging die Gefühlsduselei der weiblichen Mitglieder seiner Familie manchmal sowieso auf die Nerven. Er hatte eher das Gefühl, Ulrike würde ihm mit ihrem Auszug die Bahn brechen. Wenn die Eltern sich erst einmal daran gewöhnt hätten, ein Kind weniger zuhause zu haben, würden sie vielleicht mit seinem Auszug in einiger Zeit weniger Probleme haben. Da dachte er ganz praktisch. Bei Julia als letztem Kind könnte es später schon schwieriger werden, aber bis dahin sei ja noch Zeit, dachte er sich.
Nachdem alle Formalitäten hinsichtlich des Mietvertrages erledigt waren und die Schlüsselübergabe reibungslos vonstattenging, besorgte sich Ulrike Kartons und packte ihre persönlichen Sachen. Mit der Vormieterin hatte sie vorher

vereinbart, welche Einrichtungsgegenstände sie übernehmen konnte. Dabei war ihre Kommilitonin sehr großzügig. Ihr Bett und den Schreibtisch konnte Ulrike aus der elterlichen Wohnung mitnehmen. Und was sonst an Kleinigkeiten fehlte, schaffte sie sich nach und nach an. Der Tag des Um- bzw. Auszugs war besonders für Maria, aber ebenso für Reinhard nicht leicht. Sie hatten das Gefühl, etwas loslassen zu müssen, was sie über 20 Jahre versorgt und umsorgt hatten. Nun war es wirklich soweit, das erste Kind aus dem täglichen Blickfeld der Eltern seines Weges ziehen zu lassen. Ulrike jedoch war begeistert und fühlte sich von Anfang an pudelwohl in ihrem eigenen Reich.

Kapitel 21

Nicht ganz ein Jahr darauf folgten die Vorbereitungen für den Abschluss ihres Studiums. Dafür brauchte sie besonders Konzentration und Ruhe, was ihr ihre neue Wohnung reichlich bot. Das zahlte sich entsprechend aus. Wie schon zuvor das Abitur schloss sie auch das Studium mit Bravour ab. Es lief alles so reibungslos, dass es Ulrike manchmal unheimlich wurde. Das Leben war gut zu ihr. Womit hatte sie das nur verdient? Aber was heißt verdient? Sie musste schon einiges für ihre Erfolge tun. Nicht alles fiel ihr einfach so in den Schoß. Ulrike hatte sich bei ihrem Mathematik- und Erdkundestudium für das Lehramt entschieden. Für das anschließende Referendariat fand sie eine Stelle in einer Schule, die nur zwanzig Minuten Fußweg von ihrer Wohnung entfernt lag. Entgegen mancher Bedenken vorab, fiel ihr der Einstieg ins Berufsleben doch gar nicht so schwer. Ein nettes Lehrerkollegium erleichterte ihr ihn zusätzlich. Die Unterrichtsvorbereitungen bedurften jedoch sehr viel Zeit. Schließlich wollte Ulrike es besonders gut machen, damit sie eventuell an der Schule als Vollzeitkraft übernommen werden konnte. Die Aussichten dafür standen auf Grund des allgemeinen Lehrermangels nicht schlecht. Und tatsächlich ging ihr Wunsch in Erfüllung. Die Schulleitung war begeistert von ihrer Art, nicht nur fachlich, sondern auch im sozialen Umgang mit den Schülern. Ulrike wurde also übernommen. Sie gestaltete gerade das bei vielen Schülern nicht beliebte Fach Mathematik so interessant, dass keiner der Schüler je die Unterrichtsstunde schwänzte. Ulrike liebte ihre Arbeit in der Schule mit den Kindern. Die Freizeit verbrachte sie weiterhin so oft es ging mit ihrer besten Freundin Theresa und einigen anderen jungen Frauen und Männern, die sie beide aus verschiedensten Begegnungen kennenlernten und mit denen ebenfalls mehr oder weniger Freundschaften entstanden. Außerdem war da noch ... , aber dazu später mehr.

Kapitel 22

Die nächsten Jahre gingen ins Land. Der Familie ging es gut. Jeder machte seinen Weg, ohne dass man sich aber aus den Augen verlor. Michael hatte längst seinen Tischlermeister gemacht und konnte die Firma seines ehemaligen Chefs übernehmen, der sich in den wohlverdienten Ruhestand verabschiedete. Wie vorhergesehen, zog er, nicht lange nachdem seine große Schwester die elterliche Wohnung verlassen hatte, ebenfalls aus. Er bewohnte eine Drei-Zimmer- Altbauwohnung, die er sich auf Grund seiner Begabung, mit Holz um- zugehen, nett eingerichtet hatte.

Julia, die als jüngste der drei Geschwister als Letzte auszog, tat sich nicht immer leicht mit den Herausforderungen ihres

Lebens. Den unterschwelligen Anspruch ihrer Eltern, von wegen, 'das Abitur kannst du immer noch mal nachholen' spürte sie lange. Jedoch wollte und konnte sie dem nicht genügen. Immer wieder einmal holten sie Phasen innerer Unzufriedenheit, auch Traurigkeit bis hin zu Stimmungsschwankungen ein. Sie fühlte sich in solchen Situationen wie gelähmt.
Der Alltag wurde mühsam. Selbst Ulrike, mit der sie sich darüber vertraulich austauschte, wusste nicht wirklich einen Rat. Den Eltern gegenüber versuchte Julia sich wenig anmerken zu lassen. Sie erlernte zwar den Beruf einer Versicherungskauffrau und arbeitete sich sogar hoch bis zur Leiterin einer Versicherungsagentur. Da aber immer wieder krankheitsbedingte Unterbrechungen auftraten, wurde ihr klar, so ging es nicht weiter. Nachdem zusätzlich eine langjährige Beziehung schmerzhaft in die Brüche ging, entschloss sich Julia für eine Auszeit. Die Versicherungsagentur konnte maximal für ein halbes Jahr von einer Krankenvertretung übernommen werden. Diese Regelung durch ihren Chef, fand Julia sehr kulant, zumal sie ihr Gehalt weiterhin bekam.
„Kurieren Sie sich mal richtig aus, und dann sehe ich Sie gerne wieder. Ich kann doch nicht auf Sie als beste Kraft in meiner Agentur verzichten", gab er ihr mit auf den Weg. Das beruhigte Julia ungemein. Sie erfuhr durch einen Zeitungsartikel von einem Projekt außerhalb Berlins, das für sie verlockend klang. Dabei handelte es sich um eine Einrichtung, die Menschen, die sich neu sortieren mussten und dies in ihrer eigenen Umgebung nicht mehr schafften, auf Zeit aufnahm. Julia überlegte nicht lange und rief unter der angegebenen Telefonnummer an. Eine freundliche Stimme meldete sich am anderen Ende der Leitung.
„Guten Tag, Sie sprechen mit Marianne vom Haus "Neue Lebenskraft". Was kann ich für Sie tun?" „Ich wollte mich

erkundigen, ob und gegebenenfalls, wann bei Ihnen ein Platz frei ist." Julia fiel sozusagen gleich mit der Tür ins Haus, obwohl sie noch gar keine Einzelheiten kannte. „Kennen Sie unsere Einrichtung? Wissen Sie, wie es bei uns langgeht?", fragte die nette Frau zurück. „Oder soll ich Ihnen ein Prospekt mit näheren Erläuterungen zusenden?" „Ja, gut", erwiderte Julia, „aber können Sie mich trotzdem schon vormerken? Ich habe in einer Zeitungsannonce ein wenig über Ihre Arbeit gelesen. Ich denke, das ist genau das Richtige für mich. Sie bieten eine Mischung aus körperlicher Arbeit und angeleiteter Meditation an. Ist doch so, oder?" „Stimmt, dann wissen Sie ja bereits, worum es hier grundsätzlich geht. Ich schicke Ihnen nichtsdestotrotz den ausführlichen Prospekt und einen Fragebogen zu Ihrer Person und Ihrem Anliegen zu. Bitte füllen Sie ihn umfassend aus, damit wir uns ein Bild von Ihnen machen können." „Und wenn das alles in Ordnung geht, kann ich dann baldmöglichst hinkommen?", fragte Julia ungeduldig nach. „Ich denke schon. Es verlassen uns demnächst zwei oder drei Gäste, sodass ich Sie entsprechend vormerken kann." „Das ist sehr schön. Danke für das nette Gespräch. Ich warte dann Ihre Post ab."
Julia legte den Hörer auf und freute sich, diesen ersten Schritt getan zu haben. Sie schöpfte damit Hoffnung für mehr seelische Stabilität in ihrem Leben. Nachdem sie den erhaltenen Fragebogen ausfüllte und eiligst zurücksandte, dauerte es zu ihrer Erleichterung auch nicht lange, bis sie anreisen konnte. Ein wunderschönes, in ländlicher Gegend gelegenes, großes Anwesen erwartete Julia. Eine junge Frau, die für die Organisation zuständig war, hieß Julia herzlich willkommen und wies ihr ihr Zimmer zu. Nachdem Julia ihren Koffer ausgepackt und sich etwas frisch gemacht hatte, wurde sie über das Gelände geführt und mit den örtlichen Gegebenheiten vertraut gemacht.

„Sie wissen ja, dass unser Konzept darin besteht, Gäste hier gegen freie Kost und Logis in möglichst körperliche Tätigkeiten einzubinden. Als weiteres Programm bieten wir Meditationen und, wenn gewünscht, psychologische Einzelgespräche an. Ich würde Sie zunächst gerne für unsere Gartenarbeit einteilen. Es gibt dort ein kleines Team, das sich untereinander absprechen kann, wer, für was gerade zuständig ist. Ich mache Sie nachher mit den anderen Gästen bekannt, aber jetzt gebe ich Ihnen erst einmal Zeit, in Ruhe anzukommen. Wenn Sie Fragen haben, können Sie sich natürlich jederzeit an mich wenden. Ich bin meistens in der Verwaltung erreichbar."
Julia bedankte sich und hatte gleich das Gefühl, dort richtig zu sein.
Erstaunlicherweise gewöhnte sie sich schnell ein. Ein geregelter Tagesablauf kam ihr sehr entgegen. Die Arbeit in der Gärtnerei machte ihr viel Spaß. Nach Absprache mit den anderen fünf Frauen und Männern war sie zuständig für neue Anpflanzungen. Es sollte nämlich ein weiteres großes Blumenbeet entstehen. Julia liebte das Graben mit den Händen in der Erde. Das war doch etwas ganz anderes als ihre mehr oder weniger stupide Büroarbeit bei der Versicherung. Manchmal vergaß sie sogar, auf die Uhr zu schauen, um die Essenszeiten pünktlich einzuhalten. Selbstverständlich erinnerten sie dann ihre Mitstreiter daran. Anders erging es Julia bei den angebotenen Meditationen, die an den Nachmittagen stattfanden. Sie konnte kaum abschalten. Die Gedanken wanderten nach Hause, zur Familie, zum Büro, dann zur Gartenarbeit am Vormittag. Hatte sie alles richtig gemacht? Durfte sie sich einfach so aus allem herausnehmen? War es Flucht vor dem Alltag? Nein, sie musste jetzt an sich denken, eh aus den Stimmungstiefs eine massive Depression wurde. Es brauchte etwas Zeit, aber dann gelang es Julia von Tag zu Tag mehr, sich auf die Meditationen einzulassen. Sie

nahm auch gerne psychologische Einzelgespräche wahr, die ihr halfen, auf das eine oder andere später im Alltag zu achten und gegebenenfalls zu ändern. So nutzte sie die von ihrem Chef bewilligte Zeit von einem halben Jahr voll aus. Glücklicherweise durfte sie auch solange in dieser Gemeinschaft vom Haus "Neue Lebenskraft" bleiben.
Voller Elan und mit vielen wichtigen Tipps fuhr sie wieder in ihre gewohnte Umgebung der Großstadt zurück. Ihren Eltern erzählte Julia nicht viel von ihrer Auszeit. Schon vorher hatte sie oft den Eindruck, sie waren zu sehr mit sich selbst beschäftigt, als dass sie ihre Tochter wirklich wahrnahmen.
Wenn die drei Geschwister sich einmal gemeinsam trafen, was aus Ulrikes Sicht viel zu selten passierte, bestätigten sie sich gegenseitig dasselbe Empfinden. Meistens ging es in der Familie um Fleiß, Leistung, Ordnung, bloß keinen Anlass für Unfrieden untereinander oder mit anderen Menschen geben. All das war ja nicht schlecht, aber wo blieb Raum für den Austausch inneren Ergehens? Fehlte es an Vertrauen oder war es lediglich Unsicherheit? Keiner wusste eine Antwort darauf.

Kapitel 23

Reinhard war seit fast zwei Jahren Rentner. Er und Maria genossen die Zeit zu zweit, seitdem die Kinder alle aus dem Haus waren. Sie nutzten gerne verschiedene Reiseangebote. Darunter ebenso kurze Städtefahrten, die sie hin und wieder mit Ulrich und Gerlinde zusammen unternahmen. Alles verlief nach ihren Wünschen und Ideen, bis eines Tages für die Familie der "Blitz" einschlug. Noch am Abend saßen Reinhard und Maria gemütlich bei einem Glas Wein zusammen und überlegten, wo eine der nächsten Reisen sie hinführen könnte.

„Schatz, lass uns morgen weiter planen. Mir ist nicht ganz wohl. Vielleicht bahnt sich ein Infekt an. Ich geh schon mal schlafen. Dann wird es morgen besser sein ..."

Mit diesen Worten verabschiedete sich Reinhard von seiner Frau. Maria ahnte zu diesem Zeitpunkt nicht, dass es seine letzten Worte an sie gewesen sein sollten und damit ein Abschied für immer. Denn am nächsten Morgen wachte Reinhard nicht mehr auf. Maria dachte zunächst, dass ihn wohl tatsächlich ein Infekt erwischt hatte und er einfach länger schlafen wollte. Doch als sie später nach ihm sah, reagierte er nicht mehr. Ein sofort herbeigerufener Notarzt konnte nur noch Reinhards Tod feststellen. Der Schock saß tief bei Maria. Was sollte sie als nächstes tun? Da waren die Kinder, die umgehend informiert wurden und die sich schnurstracks auf den Weg zum Elternhaus begaben. Auch für sie war es ein Schock. Was war geschehen? Ihr Vater war nie schwerkrank. Hatte er sich bei einer der letzten Reisen ins Ausland etwas Unbekanntes eingefangen, was sich unbemerkt im Körper entwickelte und so schnell zum Tod führte? Auch Maria konnte sich keinen Reim darauf machen. Doch eine vom Arzt angebotene Obduktion kam für sie nicht in Frage. Davon wurde ihr geliebter Mann auch nicht wieder lebendig. Es war alles so schrecklich und fast unwirklich. Einfach aus dem Leben gerissen. Sie stand förmlich neben sich. Das Rentnerdasein hatte sie sich wahrlich anders vorgestellt. Wie sollte es für sie weitergehen? Zum Glück hatte Maria die Kinder, die sie auffingen und erst einmal alles Nötige rund um die Beerdigung organisierten. Trotzdem bedeutete es auch für Ulrike, Michael und Julia, einen lieben Menschen so plötzlich verloren zu haben. Es tat besonders weh, wenn Erinnerungen an letzte Begegnungen oder Telefonate sie einholten. Der Tag der Beerdigung war noch einmal sehr schlimm. Maria war am Boden zerstört.

Sie nahm all die Anteilnahme von Nachbarn aus der Gegend sowie von Gerlinde und Ulrich kaum wahr. Deren Freundschaft zu Maria bewährte sich aufs Neue, denn neben den Kindern kümmerten auch sie sich in der nächsten Zeit rührend um sie.
Ganz, ganz langsam kehrte Maria in ihren Alltag zurück. Hier und da wagte sie sich allmählich daran, Sachen ihres Mannes auszuräumen. Die Kleidung gab sie in ein Sozialwarenhaus, welches diese und andere Dinge des täglichen Lebens an Bedürftige günstig weiterverkaufte. Persönliche Dokumente sollte Ulrike sich ansehen und entscheiden, was davon aufgehoben und nicht vernichtet werden sollte. Dabei entdeckte sie auf einmal die Telefonnummer und Adresse von Katharina, ihrer Halbschwester. Trotz des Umstandes war sie begeistert über den Fund. Hatte sie doch jahrelang gehofft, Katharina eines Tages kennenlernen zu dürfen. Nun schien die Möglichkeit gegeben. Natürlich erzählte sie ihrer Mutter davon. Maria gab ihre damalige starre Einstellung auf. Zu sehr war sie mit ihrer Trauer beschäftigt, als dass sie Ulrike erneut verbieten konnte, mit Katharina in Kontakt zu treten. Außerdem war Ulrike inzwischen eine erwachsene Frau und hätte es sich daher nicht mehr verbieten lassen. Noch am selben Tag erzählte sie Julia von der Geschichte ihrer beider Halbschwester. Julia konnte es kaum fassen. Da hatte ihr Vater jahrzehntelang ihr und Michael gegenüber ein Geheimnis gehütet, und erst jetzt nach seinem Tod wurde es gelüftet.
„Unfassbar, Ulrike, warum nicht früher?" Julia schwankte zwischen Trauer und Ärger. „Jetzt kann ich nicht mehr mit ihm darüber sprechen. Weiß Michael davon?" „Nein, ich erzähle es ihm vielleicht später einmal", antwortete Ulrike. „Nein, wir müssen es ihm bald erzählen. Sonst fühlt er sich ausgeschlossen", war Julias Argument. „Gut, aber dann übernimm du das bitte. Ich will sehen, ob Katharina über-

haupt noch unter der Telefonnummer erreichbar ist. Oder besser, ich schreibe ihr erst einmal einen Brief."
Es vergingen dann doch noch mehrere Wochen, bis Ulrike genug Zeit und innere Ruhe hatte, um ihrer, bisher für sie unbekannten, Halbschwester zu schreiben. „Hallo Katharina, ich bin Ulrike. Sicher hatte mein Vater ...", oder sollte sie schreiben, unser Vater? Egal, sie führte fort: „dich damals bei eurem ersten Treffen über deine Halbgeschwister informiert. Meine Mutter hatte seinerzeit etwas dagegen, dass wir alle von deiner Existenz erfuhren. Ich hatte es auch nur durch Zufall mitbekommen. Sie verweigerte mir, dich kennenzulernen, worüber ich all die Jahre eher traurig war. Heute muss ich dir mitteilen, dass mein Vater vor ein paar Monaten verstorben ist. Als ich meiner Mutter half, seine Sachen auszusortieren, fielen mir deine Telefonnummer und Adresse in die Hände. Ich hoffe, dass sie noch aktuell sind und dich dieser Brief erreicht. Wenn dir an unserem Kontakt ebenfalls gelegen ist, würde ich mich über eine Antwort von dir freuen. Bis dahin grüßt dich Ulrike."
Ich weiß, dachte Ulrike bei sich, der Brief klingt nicht unbedingt herzlich, eher sachlich. Ob Katharina damit etwas anfangen könnte und Lust zu einer Begegnung hätte? Sie musste abwarten. Tatsächlich schien der Brief angekommen zu sein. Denn es dauerte gar nicht lange, und eine Antwort lag in Ulrikes Briefkasten.
„Hallo Ulrike, das war eine ganz tolle Überraschung, als mich neulich Post von dir erreichte. Ich will allerdings nicht lange schreiben. Lass uns doch die Tage einfach mal telefonieren. Ich möchte gerne deine Stimme hören und dich näher kennenlernen. Wenn das in deinem Sinne ist, ruf mich doch bitte an. Meine Telefonnummer ist dieselbe von damals geblieben.
Sei herzlich gegrüßt Deine Katharina

PS. Mein herzliches Beileid zum Verlust Eures Vaters. Ich trauere mit euch."

Nun war es an Ulrike, zum Hörer zu greifen. Sie ließ Katharina nicht lange warten und wählte mit Herzklopfen die Nummer. Am anderen Ende hob Katharina mit genauso viel Herzklopfen den Hörer ab. Irgendwie ahnte sie in diesem Moment, dass es Ulrike war, die anrief. Beide Halbschwestern waren schnell im Gespräch vertieft, als würden sie sich seit eh und je kennen.
„Erzähle mir kurz, woran Vater gestorben ist. War er krank? Kam es überraschend? Wir hatten ja nicht wirklich viel Kontakt zueinander. Als wir uns das erste Mal trafen, hatte ich auf öfter gehofft und mir mehr vom Vater versprochen. Doch er erklärte mir die Situation und vertröstete mich auf gelegentliche Telefonate zwischen uns. Ich habe dann bald gemerkt, dass er sich doch sehr reserviert verhielt. Das machte mich zwar traurig, aber ich wollte nicht in eure Familie eindringen, um womöglich etwas durcheinanderzubringen." Katharinas Stimme klang jetzt nicht mehr so euphorisch. „Ach, Katharina, eigentlich ist es ein Drama", antwortete Ulrike. „Da gibt es dich in einer anderen Stadt und wir Geschwister durften nichts von deiner Existenz erfahren. Ich weiß noch nicht einmal, ob es unserem Vater nicht doch etwas ausmachte, dich all die Jahre zu verschweigen. Oder ob er es nur meiner Mutter zuliebe tat, weil sie aus irgendeinem Grund Angst hatte, der Familienfriede würde zerstört werden? So ein Unsinn. Ich kann es bis heute nicht begreifen. Mein Vater ist übrigens ganz plötzlich gestorben. Er ging abends mit etwas Unwohlsein ins Bett und wachte am nächsten Morgen nicht mehr auf. Das war für uns alle, aber besonders für meine Mutter, ein Schock. Allerdings wollte sie keine Untersuchung der Ursache." „Das muss wirklich schrecklich für deine

Mutter und für euch alle sein. Für mich erklärt es sich, warum ich so lange nichts von ihm gehört habe. Wie machen wir beide denn jetzt weiter? Wissen deine Geschwister und deine Mutter inzwischen, dass du Kontakt zu mir aufgenommen hast?", fragte Katharina nach. „Meine Mutter ist zwar weiterhin nicht sehr begeistert, aber die Trauer um ihren Mann überwiegt, als dass sie sich mit diesem Thema beschäftigt. Julia, meine kleine Schwester, war zunächst entsetzt über die Heimlichtuerei unseres Vaters, aber sie ist neugierig auf dich. Was unseren Bruder Michael betrifft, ist es so eine Sache. Julia hatte ihm von dir erzählt, sein Interesse hält sich jedoch in Grenzen. Letztendlich glaube ich eher, du tangierst ihn nicht wirklich. Die Existenz eines Bruders würde ihn wahrscheinlich mehr interessieren. Katharina, ich wünsche mir, weiterhin mit dir in Kontakt zu bleiben. Vielleicht ist es irgendwann sogar möglich, uns gegenseitig zu besuchen. Lass uns sehen, wie es sich entwickelt. Ich hoffe, du bist damit einverstanden und ich enttäusche dich nicht, falls du mehr erwartest." „Nein, nein, Ulrike. Das ist auch mein Gedanke. Lass uns nichts übereilen. Außerdem musst du das alles mit deinem Vater noch verkraften. Also bis bald mal wieder. Ich umarme dich aus der Ferne." „Ich dich ebenso, Katharina. Mach´s gut." Ulrike legte den Hörer auf und war doch sehr bewegt von dem ausführlichen Telefonat mit ihrer Halbschwester. Gleich am nächsten Tag berichtete sie Julia davon.

„Das ist doch prima. Ihr habt euch also auf Anhieb gut verstanden. Hast du ihr von mir erzählt, und meinst du, ich könnte sie auch mal anrufen? Ich bin so neugierig. Auf einmal habe ich *zwei* große Schwestern." Julia konnte sich gar nicht mehr einkriegen. Ulrike hingegen bremste ihre kleine Schwester. „Du, Julia, ich glaube, Katharina und ich haben uns erst einmal ein wenig angenähert. Ich habe ihr zwar von dir und Michael kurz erzählt, aber sie ging nicht weiter darauf ein. Das ist im Moment alles so frisch. Wir sollten es langsam angehen lassen. Vielleicht kannst du dich etwas später mal bei Katharina melden." „Das verstehe ich jetzt nicht. Lange Jahre, ja Jahrzehnte durften wir gar nichts von der Existenz einer großen Schwester wissen und jetzt, wo alles herausgekommen ist und ich mich darüber freue, soll ich weiter so tun, als gäbe es Katharina nicht. Nein, das kannst du mit mir nicht machen." „Beruhige dich Julia. Okay, versuch dein Glück selbst mit Katharina. Ich halte mich da raus."

Ulrike war über Julias Euphorie ein bisschen verwundert. Andererseits freute sie sich aber auch darüber, Julia so offen einer weiteren großen Schwester gegenüber zu sehen. Michael hingegen hielt sich weiterhin zurück. Er wollte nicht noch eine Schwester haben. Die Gefühlsduselei von Ulrike und Julia ging ihm auf den Nerv. Er wollte alles so belassen, wie es war. Schließlich hatten seine Eltern es ja so gewollt. Außerdem hatte er genug mit seiner Firma zu tun. Manchmal blieben Aufträge aus. Und dann musste er seine Angestellten bei Laune halten und zusehen, keinen entlassen zu müssen. Da hatte er für Familienangelegenheiten oft keine Zeit. Hin und wieder kam es vor, dass er auf Ulrike neidisch war.

„Du hast es gut. Musst dich nicht um deine Existenz sorgen. Du hast einen sicheren Arbeitsplatz bei Vater Staat. Und wenn du nicht gerade silberne Löffel stiehlst, dann hast du für dein Leben ausgesorgt. Die Halbtagsbeschäftigung in der Schule und die vielen Ferien, das ist doch ein Traumjob!" „Halt mal inne, Michael. Du hast gar keine Ahnung, was sich da in der Schule abspielt. Hab du mal mit heranwachsenden, pubertierenden Kindern zu tun, die alles andere als Lust auf Lernen haben. Was meinst du, wann ich Klausuren korrigiere und Unterrichtsvorbereitungen ausarbeite? Da geht so manches Wochenende drauf, während du dich

eventuell mit Freunden triffst. Gut, am Ende des Monats sind mir meine Dienstbezüge sicher, aber ich muss auch etwas dafür tun. Außerdem steht es jedem offen, sich im öffentlichen Dienst zu bewerben. Aber scheinbar hattest du die Selbständigkeit und damit Unabhängigkeit von einem Chef vorgezogen. Also hör auf mit deinen Vorwürfen und sei zufrieden, dass du so zuverlässige Angestellte hast, die für dich arbeiten."
Die Diskussion der beiden Geschwister führte letztendlich zu nichts. Ulrike zog es daher vor, sich wieder auf ihre Arbeit zu konzentrieren. In einem Monat stand eine Klassenfahrt an, für die noch etliches vorzubereiten war.

Kapitel 24

Die Schulleitung hatte als zusätzliche männliche Aufsichtsperson für die Schüler den Kollegen Jörg bestimmt, mitzufahren. Ulrike war damit sehr einverstanden, denn irgendwie hatten die beiden einen guten Draht zueinander und zogen am selben Strang. Das war eine wichtige Voraussetzung, um sich zehn Tage lang einer recht lebhaften Schülerschar gegenüber Respekt zu verschaffen und gleichzeitig nicht zu streng zu sein, um die Zeit für alle gemeinsam so angenehm wie möglich zu gestalten. Diesmal ging die Reise in den Harz, wobei es für die beiden Lehrer die erste Fahrt mit Ulrikes Klasse war.
Entgegen aller Befürchtungen verhielten sich die Schüler überwiegend recht brav. Na klar murrten einige, wenn es hieß, die Wanderschuhe anzuziehen und gemeinsam loszumarschieren. Schließlich waren die Kinder der Großstadt lange Wanderungen nicht unbedingt gewohnt, denn die Eltern verbrachten mit ihnen in den Ferien eher Badeurlaube, wie sie es anschließend erzählten. Die Abende

waren bei den Schülern somit oft recht kurz. Viel zu müde, um noch lange über Gott und die Welt zu diskutieren, verschwanden sie in ihren Betten. Für Ulrike und Jörg bedeutete es, in Ruhe den Tag ausklingen zu lassen. Sie nutzten die Gelegenheit, sich mal etwas ausführlicher über den Schulalltag auszutauschen. Ulrike betonte, wie glücklich sie war, zu Beginn ihrer Berufstätigkeit vor längerer Zeit, nett ins Lehrerkollegium aufgenommen worden zu sein. Während sie so miteinander plauderten, merkte sie plötzlich innerlich eine Nervosität aufsteigen, die sie sich nicht erklären konnte. Ja, sie war ihr sogar unheimlich. Hatte ihr Befinden vielleicht etwas mit Jörg zu tun? Er war sehr nett, und sie musste sich ihm gegenüber nicht verstellen. Was heißt überhaupt verstellen? Wenn man mehrere Tage von morgens bis abends Zeit miteinander verbringt und für eine ganze Schulklasse verantwortlich ist, dann geht es nicht anders, als ehrlich zu sein. Es war inzwischen später geworden, als beide dachten, und so verschwanden auch sie in ihre Zimmer. Ulrike dachte nicht weiter über ihr Befinden nach und schlief umgehend ein.
Die Tage der Klassenfahrt vergingen schnell. Ehe man sich versah, kamen alle wieder wohlbehalten nach Hause. Bereits am übernächsten Tag traf man sich aufs Neue in der Schule zum Unterricht.
Nicht lange nach dieser Zeit klingelte eines Abends bei Ulrike das Telefon.
„Hallo?" „Hallo Ulrike, hier ist Jörg. Störe ich gerade?"
„Nein, du störst nicht. Im Gegenteil, dann habe ich einen Grund, meine Unterrichtsvorbereitungen zu unterbrechen. Was gibt es denn?" Ulrike spürte ein wenig Herzklopfen. Was war nur mit ihr los?
„Bist du am Abend noch so fleißig? Ich wollte fragen, ob wir uns vielleicht treffen können, um die Klassenfahrt auszuwerten?" Jörg wusste, dass es nur ein Vorwand war, um

Ulrike sehen zu können.

„Hmm, weißt du, Jörg, ich möchte eigentlich noch mit dem fertig werden, was ich mir für heute vorgenommen habe. Demnächst stehen Klassenarbeiten an, und ich muss den Kindern den nötigen Stoff noch beibringen. Sei mir bitte nicht böse, aber lass uns einen anderen Tag ausmachen. Wie wäre es am kommenden Samstag? Oder möchtest du am Wochenende nichts mit Schule zu tun haben?" Ulrike wusste auf einmal gar nicht, warum sie nicht einen anderen Wochentag vorschlug. Ein Samstag hatte doch eher einen privaten Charakter.

„Ja, das ist eine gute Idee", antwortete Jörg ganz schnell. Sagen wir 19:00 Uhr? Ich hole dich ab. Wir können dann zum Italiener gehen. Ich kenne da einen, nicht weit von dir entfernt. Also dann bis Samstag." Noch ehe Ulrike reagieren konnte, hatte Jörg den Hörer aufgelegt. Was war das denn eben, fragte sie sich, bevor sie mit einem Lächeln im Gesicht sich dem weiteren Lehrstoff widmete.

Samstag früh 7:00 Uhr – Ulrike war hellwach. Gewöhnlich schlief sie am Wochenende aus und war nicht vor 9:00 Uhr aus dem Bett zu bekommen. Doch aus irgendeinem Grund war es an diesem Morgen anders. Na gut, dachte sie sich, dann nutze ich die Gelegenheit, stehe auf und bin wenigstens früher mit meiner Hausarbeit fertig. Sie verrichtete diese meistens samstags, weil sie in der Woche nach der Schule dazu keine Lust mehr hatte. Schnell war alles erledigt, sodass am Nachmittag Zeit blieb für eine ausgedehnte Laufrunde im gegenüberliegenden Park. Joggen konnte man es nicht nennen. Dafür fand Ulrike sich zu unsportlich. Aber etwas Bewegung sollte es schon sein, ehe sich auf Grund der vielen sitzenden Tätigkeit ihrer Ansicht nach kleine Fettpölsterchen an der Hüfte bildeten. Die frische Luft tat ihr gut. Ihre Gedanken gingen dabei spazieren und landeten doch tatsächlich bei dem bevorstehenden Treffen am Abend.

Ulrike verspürte wieder so eine Art innere Nervosität, die sich in Freude verwandelte.
Jörg war pünktlich und klingelte um 19:00 Uhr an ihrer Tür. „Ich komme gleich runter", rief Ulrike ihm aus dem Fenster zu. Schnell noch ein Blick in den Spiegel. Haare und Kleidung saßen perfekt. Warum nur so eine Aufregung?, fragte sie sich. Es ist doch lediglich ein Arbeitstreffen. Jörg begrüßte Ulrike freundlich. Dabei entging ihm nicht, wie chic sie heute aussah. Ob sie sich für ihn besonders fein gemacht hatte? Nein, sie sah doch immer adrett gekleidet aus. Trotzdem war diesmal irgendetwas anders oder hatte sich sein Blick verändert?
Die Fahrt zum angekündigten Italiener dauerte nicht lange genug, um sich weitere Gedanken zu machen. Ein nettes Restaurant, gemütliches Ambiente, Jörg wurde persönlich mit Handschlag willkommen geheißen. Er nahm Ulrikes Verwunderung darüber sogleich wahr.
„Ich bin öfter hier, wenn es in der Verwandtschaft etwas zu feiern gibt. Außerdem ließen sich meine Eltern hier teilweise ihre Geburtstage ausrichten. Von daher kennt man mich. Wo möchtest du sitzen? Such dir eine schöne Ecke aus." Kaum hatten die beiden Platz genommen, brachte die Bedienung die Speisekarte.
„Haben Sie schon einen Getränkewunsch?", fragte die junge Kellnerin. „Ich hätte gerne einen viertel Rosé'." „Und ich nehme einen viertel trockenen Rotwein wie immer", fügte Jörg hinzu. „Eigentlich weiß ich auch gleich, was ich essen möchte", sagte Ulrike. „Und du, Jörg?" „Ja, ich tatsächlich auch." Die beiden wählten ganz spontan ihre Lieblingspizza – Pizza Frutti di Mare mit ganz viel Knoblauch.
„So ein Zufall. Die Sorte bestelle ich meistens, wenn ich italienisch essen gehe. Zum Glück ist morgen Sonntag und wir müssen nicht in die Schule. Sonst hätten unsere Kollegen auch noch etwas davon, bei der Knoblauchfahne, die

wir hinterlassen werden." Jörg lachte. Er war sichtlich erstaunt über Ulrikes Speiseauswahl. Er hatte sie nicht als Liebhaberin von Meeresfrüchten eingeschätzt. Warum, wusste er allerdings gar nicht. Was hatte er überhaupt für eine Vorstellung von ihr? Ein bisschen näher kennengelernt hatte er sie auf der Klassenfahrt. Und jetzt, wo der Schulalltag wieder eingekehrt war, was ging in ihm vor? Ulrike musste innerlich etwas grinsen, als sie Jörgs Bestellung hörte, maß dem aber keine weitere Bedeutung zu. Sie war vielmehr auf Jörgs Anliegen, die Klassenfahrt auszuwerten, gespannt.

„Dann leg mal los", forderte sie ihn auf. „Was meintest du mit 'Klassenfahrt auswerten'?" „Na, ich fand die zehn Tage einfach schön. Wir hatten doch echt Glück mit den Schülern. Keiner hatte sich bei den ausgedehnten Wanderungen verletzt. Keiner hatte abends beim gemütlichen Tagesausklang über die Stränge geschlagen, was das Angebot alkoholischer Getränke betraf. Eigentlich waren sie alle viel zu brav. Zu meiner Zeit war auf unseren Klassenfahrten mehr los. Und wie fandest du die Zeit?", fragte Jörg zurück, während Ulrike genüsslich ihre Pizza aß.

„Hmm, ich kann mich deinen Beobachtungen nur anschließen. Aber das war uns doch bereits am Ende der Reise klar. War das alles, worüber du dich mit mir unterhalten wolltest? Oder gibt es noch ein anderes Thema? Hast du Probleme mit Kollegen?"

Ulrike war in diesem Moment über ihre Offensive selbst erschrocken.

„Nein, nein", antwortete Jörg rasch. „Ich habe keine Probleme mit Kollegen. Im Gegenteil, es geht mir ähnlich wie dir. Ich fühle mich wohl an der Schule. Und ich merke, dass ich mich besonders in *deiner* Gegenwart wohlfühle. Das hat sich während der Klassenfahrt sogar gesteigert. Und das wollte ich dir eigentlich sagen." Nun war es raus, und

Ulrike wurde etwas verlegen. Es schmeichelte ihr natürlich, aber wie sollte sie reagieren? Auf alle Fälle wollte sie nicht gleich darauf eingehen. Viel zu sehr spürte sie, wie Jörg da eine Saite bei ihr zum Schwingen brachte. Denn ihre innere Nervosität, als er neulich bei ihr anrief, und die Vorfreude auf diesen Abend führte sie darauf zurück, dass sie sich auch in seiner Gegenwart wohlfühlte. Schnell wechselte sie das Thema, redete viel belangloses Zeug aus ihrer Sicht, nur um Jörg nicht weiter Raum zu geben, zu persönlich zu werden. „Du Jörg, es war ein netter Abend, aber ich würde ihn jetzt gerne abschließen und nach Hause gehen." Ulrike wurde die Situation gerade zu unheimlich. Sie fühlte sich total unsicher, wollte sich aber nichts anmerken lassen. Flucht war die einzige Option für sie.
„Okay, ich wollte dir nicht zu nahe treten. Dann lass uns den Abend beenden. Du bist natürlich eingeladen. - Ober, die Rechnung bitte." Jörg fuhr Ulrike anschließend nach Hause und begleitete sie noch bis zur Haustür. Eine flüchtige Umarmung, dann verschwand er auch schon in seinem Auto und fuhr davon.
Jetzt konnte Ulrike ihren Gefühlen freien Lauf lassen. Beschwingt tänzelte sie durch ihre Wohnung. Ja, Jörg war schon ein netter Typ, dachte sie. Aber wie sollte das weitergehen? Was sollten die Kollegen denken? Und die Schulleitung? Die sah es gar nicht gerne, wenn sich unter den Kollegen Pärchen bildeten. Die Schüler könnten das mitbekommen und versuchen, sich Vorteile in der Benotung zu verschaffen, indem sie die betreffenden Lehrer gegenseitig ausspielten. Ulrike gingen jedenfalls tausende von Gedanken durch den Kopf. An Schlaf war in dieser Nacht kaum zu denken.
Jörg ging es ähnlich. Allerdings machte er sich weniger Gedanken, was die Schule betraf. Er war eher damit beschäftigt zu überlegen, wie er Ulrikes Herz gewinnen

konnte.

Kapitel 25

Montag früh 7:30 Uhr – Ulrike saß im Lehrerzimmer und überflog noch einmal kurz ihre Vorbereitungen für die erste Unterrichtsstunde. Nach und nach trudelten die Kollegen ein. „Guten Morgen allerseits, hattet ihr alle ein schönes Wochenende? Ich jedenfalls schon." Ulrike vernahm Jörgs Stimme und zuckte ein wenig zusammen. Sie saß mit dem Rücken zur Tür und hatte ihn daher nicht hereinkommen sehen. Während die anderen Kollegen ebenfalls ein „Guten Morgen" murmelten, drehte sie sich um und nickte Jörg freundlich zu. Ihre Blicke trafen sich, und man musste schon blind sein, um nicht das Funkeln in ihrer beider Augen zu sehen. Zum Glück waren die übrigen Anwesenden so mit sich beschäftigt, dass es keinem auffiel. Die Schulglocke läutete den Unterrichtsbeginn ein. Das Lehrerkollegium verteilte sich auf die Klassen. Ulrike eilte an Jörg vorbei, wobei sie den Hauch einer Berührung an ihrer Schulter wahrnahm.

Die Woche verging, und außer einigen Blickkontakten, die besonders Jörg suchte, fand keine Kommunikation zwischen ihm und Ulrike statt, zumindest keine, die über die schulischen Belange hinausging. Ulrike erwiderte die Blicke zwar noch etwas scheu, doch merkte sie immer mehr, wie Jörg sie in seinen Bann zog.

Als dann Samstagvormittag das Telefon bei ihr klingelte, überkam sie eine Ahnung, wer anrufen würde. Tatsächlich, es war Jörg. „Hallo Ulrike, wie geht es dir? Die Woche in der Schule gut überstanden? Wir haben ja kaum ein Wort miteinander gewechselt. Bist du mir aus dem Weg gegangen?" „Ähm, nein", antwortete Ulrike. „Wie kommst du darauf? War doch alles wie immer, oder?" Bei dem letzten Satz musste sie innerlich wieder grinsen, denn sie wusste ja, es war nicht mehr alles wie immer.

„Nun ...", Jörg zögerte ein wenig, „ich wollte fragen, ob wir heute Abend zusammen ins Kino gehen? Es läuft gerade der Film „Mit dem Wind nach Westen". Es geht um eine Familie in der DDR, die mit einem selbstgebastelten Ballon in den Westen flüchtete. Ich weiß nicht, ob du so etwas sehen magst." „Ja, ich hab davon gehört. Ist sicher spannend. Ich komme mit. Holst du mich ab? Wann soll ich fertig sein?" „Ich bin um 19:00 Uhr bei dir. Ich glaube, der Film beginnt um 20:00 Uhr. Also dann bis später. Ich freue mich." „Ja, bis später." Ulrike überlegte einen Moment. Hätte sie nicht genauso sagen können, sie freue sich und komme *gerne* mit? Denn genau das empfand sie. Sie freute sich auf den gemeinsamen Abend und konnte es kaum abwarten.

Jörg war auch diesmal pünktlich und stand mit dem Auto vor der Tür. Ulrike klopfte das Herz, als sie einstieg.

„Wir haben ein bisschen Zeit, bis der Film anfängt. Lass uns noch ein paar Schritte gehen." Jörg fühlte sich einerseits in Ulrikes Gegenwart wohl, leider spürte er aber so wenig Resonanz von ihrer Seite aus. Irgendwie wünschte er sich da mehr. Es lag ihm jedoch fern, Ulrike in irgendeiner Weise zu bedrängen. Ulrike hingegen merkte schon längst, dass sie sich gegen ihre Gefühle Jörg gegenüber nicht mehr wehren konnte. Wenn sie das überhaupt jemals wollte. Aber ... , man sollte es den Männern auch nicht zu leicht machen. Das hatte sie einmal ihre Mutter sagen hören, ohne sich noch an die spezielle Situation zu erinnern.

Der Film war durchaus spannend. Würde es die Familie nach einem missglückten Versuch am Ende aber doch schaffen, mit einem selbstgefertigten Ballon über die Grenze in den Westen zu flüchten? Jörg und Ulrike saßen angespannt in ihren Kinosesseln. Ulrike spürte, wie Jörg vorsichtig nach ihrer Hand tastete und sie dann sanft drückte. Sie ließ es zu und konzentrierte sich gleichzeitig wieder auf den Film. Beide fieberten sie weiter mit der ostdeutschen Familie, der schlussendlich die Flucht gelang. Langsam löste sich daher die Anspannung, obwohl Jörg immer noch Ulrikes Hand fest in seiner hielt.

„Wollen wir noch etwas trinken gehen?" „Ja, von mir aus gerne." Diesmal kam das kleine Wort *gerne* zusätzlich über Ulrikes Lippen, denn sie hatte an diesem Abend keine Lust, sich schon von Jörg zu trennen. Der Besuch eines netten Weinlokals in der Nähe sollte das Treffen an diesem Tag abrunden. Jörg und Ulrike plauderten noch viel miteinander, wobei sich ihre Hände immer wieder zärtlich berührten. Sie waren fast die letzten Gäste, als der Wirt darauf hindeutete, das Lokal schließen zu wollen. Jörg fuhr Ulrike nach Hause und begleitete sie wie gewohnt zur Haustür. Diesmal dauerte die Umarmung länger und wurde auch von Ulrikes Seite inniger. Sie fühlte sich wohl in Jörgs Armen. Doch während sie noch überlegte, ob sie ihn einladen sollte, mit in ihre Wohnung zu kommen, löste und verabschiedete sich Jörg von ihr. Ulrike gestand sich ein, es hatte sie erwischt. Sie war bis über beide Ohren verliebt. Sie freute sich, Jörg am Montag wieder in der Schule zu sehen. Allerdings wollten sie beide ihre Verbindung vor den Kollegen geheim halten. Wie gesagt, die Schulleitung sah eine Beziehung zwischen Kollegen nicht gerne, und ein Schulwechsel für einen der beiden war weder einfach, noch kam er überhaupt infrage. So verhielten sich Jörg und Ulrike möglichst neutral und telefonierten dann oft nach dem Unterricht miteinander oder trafen sich an den Wochenenden.

Dabei beschwerten sich Julia und ihre Mutter, dass Ulrike kaum noch Zeit für sie hatte und sich so wenig blicken ließ. Maria litt darunter, so viel allein zu sein, nachdem ihr Mann verstorben war. Trotzdem es schon eine Weile her war, kam

sie im Alltag nur schwer damit zurecht.
Obwohl ihre Freunde sie oft einluden und kleine Ausflüge mit ihr unternahmen, aber es war eben nicht mehr so wie früher.

Kapitel 26

Ulrike blühte immer mehr auf. Ja, sie vermisste ihren Vater genauso wie ihre Geschwister und wie ihre Mutter ihren Mann vermisste. Doch in Jörg fand sie einen Gesprächspartner, der sie verstand und Trost geben konnte. Seine Eltern starben beide vor nicht allzu langer Zeit bei einem Autounfall. So erzählte er es Ulrike, als sie beide wieder einmal nach einem langen Spaziergang in „ihrer" Pizzeria zum Essen saßen.
„Das ist ja schlimm!", erwiderte Ulrike. „Wie hast du das bloß verkraftet?" „Na ja, ich habe zum einen viel gearbeitet. Und ich hatte irgendwie immer Menschen an meiner Seite, die mich auffingen, wenn ich dachte, ich würde nie aus dieser Trauer herauskommen, die mich total lähmte. Ganz langsam merkte ich, wie es mir besser ging. Und jetzt kann ich sogar darüber sprechen, ohne gleich wieder in ein Loch zu fallen. Natürlich vermisse ich meine Eltern hier und da auch heute noch, aber das Leben ging und geht weiter." „Da hab ich es ja gut, dass meine Mutter noch lebt. Ich glaube, ich muss mich mal öfter bei ihr blicken lassen. Meine Schwester hat mir neulich erzählt, dass meine Mutter sich recht einsam fühlt. Die gemeinsamen Freunde meiner Eltern locken sie zwar öfter aus dem Haus. Ich habe aber den Eindruck, sie fühlt sich dann eher als fünftes Rad am Wagen, weil ihr Partner eben fehlt." „Hat sie dir das so gesagt?", fragte Jörg. „Nein, das ist nur mein Gefühl." „Lass ihr Zeit. Einen Menschen so plötzlich zu verlieren, wie du mir das

geschildert hast, ist tragisch. Da kommt man nicht so schnell drüber hinweg", gab Jörg ihr zu verstehen. „Du hast ja Recht. Aber jetzt lass uns über etwas anderes reden. Sonst verfalle ich hier gleich in Trauer." „Na klar, so soll der Tag für dich nicht enden. Möchtest du noch einen Nachtisch? Ich bestell uns was Leckeres." Jörg versuchte, Ulrike damit wieder aufzumuntern. „Oh, nein danke. Ich bin total gesättigt. Das Essen war echt gut."
Jörg zahlte für beide und fuhr Ulrike nach Hause. Es war inzwischen Abend geworden. „Möchtest du mit nach oben kommen? Wir können noch ein Glas Wein zusammen trinken. Ich möchte jetzt nicht alleine sein."
Jörg nahm diese Einladung gerne an. Ging es ihm doch ähnlich. Auch er wollte nach so einem schönen Tag mit Ulrike jetzt nicht alleine zu sich nach Hause fahren. Aus einem Glas Wein wurden mehrere Gläser, sodass Jörg sich lieber nicht mehr hinters Lenkrad setzen wollte. Ulrike ahnte, worauf es hinauslaufen würde ... Es machte ihr nichts aus. Im Gegenteil, sie schmiegte sich eng an Jörg an, ein Kuss, ein langer Blick in seine braunen Augen. Er berührte sie zärtlich, und Ulrike schmolz einfach dahin. Beide genossen die Zeit miteinander, bis es langsam hell wurde. Ein neuer Tag brach an.

Kapitel 27

Bei Maria klingelte das Telefon.
„Hallo Mama, hier ist Ulrike. Wie geht es dir? Ich dachte, ich melde mich mal wieder. Weißt du, ich habe viel in der Schule zu tun und außerdem bin ich frisch verliebt. Ich glaube, ich habe dir bisher gar nicht von Jörg erzählt. Ein Kollege von mir, ein ganz netter. Ich hatte doch vor einiger Zeit eine Klassenreise unternommen. Er war der Begleiter

als zweiter Lehrer. Wir haben uns gut verstanden und irgendwann, als wir wieder zu Hause waren, bahnte sich langsam etwas zwischen uns an. Aber was erzähle ich so lange. Ich wollte eigentlich hören, wie es dir geht." „Na ja, wie soll es mir gehen ...? Es ist alles nicht so einfach, wenn man alleine ist und seinen Alltag gestalten muss", klagte Maria. „Außerdem merke ich in letzter Zeit, dass ich so vergesslich werde. Neulich beim Einkauf wusste ich plötzlich nicht mehr, wo ich im Laden das Brot finde. Es war mir zwar peinlich, aber ich habe dann eine Verkäuferin gefragt. Dabei kenne ich das Geschäft. Ich gehe doch schon jahrelang immer dort einkaufen. Und als ich Zuhause meinen Korb ausgepackt habe, fehlte die Marmelade und die Wurst, obwohl das alles auf meinem Einkaufszettel stand."
„Ach, mach dir mal keine Sorgen. Das passiert, wenn man gedanklich mit anderen Dingen beschäftigt ist." Ulrike versuchte, ihre Mutter zu beruhigen. Dennoch fand sie es selbst merkwürdig, was sie gerade hörte.
„Womit soll ich schon beschäftigt sein? Ich erlebe doch nichts weiter. Ich habe noch nicht einmal Lust fernzusehen."
„Aber Julia hat mir erzählt, dass Gerlinde und Ulrich hin und wieder Ausflüge mit dir machen. Da bekommst du doch andere Eindrücke und bist abgelenkt", wandte Ulrike ein.
„Ausflüge? Das musst du falsch verstanden haben. Davon weiß ich nichts. Nun gut, lass uns Schluss machen. Ich will mich jetzt ein bisschen hinlegen. Ich bin müde." „Es ist mitten am Tag. Warum bist du ...? Hallo – Mama?" Klack, Maria hatte den Hörer bereits aufgelegt. Ulrike war verwirrt. Was war mit ihrer Mutter los? Sogleich rief sie erst Michael und dann Julia an, um ihnen von dem merkwürdigen Telefonat mit ihrer Mutter zu berichten. Michael redete sich raus, er hätte so viel mit seiner Firma zu tun und könne sich nicht auch noch darum kümmern. „Ihr Mädels macht das schon." Das war das Einzige, was Ulrike von ihrem Bruder hörte.

Julia hingegen war selbst erschrocken. „Meinst du, wir müssten mit Mama zum Arzt gehen?", fragte sie ihre große Schwester. „Ich weiß nicht. Wo sollte man denn hingehen. Und einfach sagen, unsere Mutter ist vergesslich? Da lachen sie uns bestimmt aus. Wir müssen das aber auf alle Fälle beobachten." Von nun an wechselten sich Ulrike und Julia ab und riefen Maria jede Woche mindestens einmal an oder gingen bei ihr vorbei. Sie informierten sich dann gegenseitig über das, was sie mit ihrer Mutter erlebten oder von ihr hörten.

Theresa, hörte wiederum von ihren Eltern, wie merkwürdig sich Maria gegenüber Gerlinde und Ulrich verhielt. Sie wollte daher Näheres direkt von Ulrike erfahren.

„Das stimmt, was deine Eltern dir erzählt haben. Meine Mutter kann sich an viele Dinge plötzlich nicht mehr erinnern oder verdreht Sachen. Wir beobachten das schon ein Weilchen und wissen nicht, wie es weitergehen soll. Bis jetzt kommt sie zumindest in ihrer Wohnung noch zurecht und macht beispielsweise den Herd aus, wenn sie gekocht hat oder stellt das Bügeleisen aus. Trotzdem sind Julia und ich hinterher und müssen aufpassen", erklärt Ulrike ihr die Situation. „Kann ich dir irgendwie helfen?", fragte Theresa nach. „Nein, das ist ganz lieb von dir, im Moment nicht. Wenn es eng wird, komme ich vielleicht auf dich zurück." Zu diesem Zeitpunkt ahnte noch keiner, dass sich in nicht allzu ferner Zukunft etwas radikal in der Familie ändern würde. „Ja, tu das", bestärkte Theresa ihre Freundin. Ulrike nahm die ganze Angelegenheit mit ihrer Mutter sehr mit. Sie erzählte sogar Katharina davon, die Maria zwar nicht persönlich kannte, aber Ulrike doch ein paar Tipps gab.

„Wartet nicht zu lange, bis ihr etwas unternehmt. Wenn eure Mutter nicht nur immer vergesslicher, sondern auch orientierungslos wird, läuft sie euch eines Tages weg und ihr wisst nicht, wo sie steckt. Legt ihr am besten einen Zettel mit ihrem Namen, ihrer Anschrift und ggf. einer Telefonnummer von euch Geschwistern in verschiedene Jackentaschen und ins Portemonnaie. Das haben wir bei meiner Oma gemacht, als sie mehr oder weniger dement wurde. Das hat geholfen. Denn eines Tages erhielt meine Mutter tatsächlich einen Anruf von der Polizei. Eine Passantin hatte meine Oma dort hingebracht, als sie verwirrt an einer Schaufensterfront hin und her lief und dabei ängstlich auf andere Leute wirkte, die sie fragten, ob sie ihr irgendwie behilflich sein könnten." „Und wie ging das mit deiner Oma weiter?" „Nun, meine Mutter hatte überlegt, ob sie sie zu sich nehmen sollte. Aber sie ging zu dieser Zeit noch arbeiten. Von daher wäre meine Oma dann tagsüber auch alleine gewesen. Leider ging das auf Dauer nicht. Und so haben wir sie schweren Herzens in ein Heim gegeben." „In ein Heim?!", Ulrike erschrak. „Das kann ich mir für meine Mutter nicht vorstellen." „Warte ab, es wird nicht einfacher werden, nach dem, was du mir so erzählst." „Du, Katharina, ich muss auflegen. Ich bekomme gleich Besuch. Lass uns ein anderes Mal weitersprechen." „Alles klar, ich wünsche dir viel Kraft. Du kannst mich jederzeit anrufen. Bis bald mal wieder."

Kapitel 28

Ulrike sah zur Uhr. Eigentlich erwartete sie Jörg, der sonst immer recht pünktlich war. Doch heute war er schon eine halbe Stunde überfällig. Sie stellte noch ein paar Knabbereien auf den Tisch und zündete bereits die Kerzen an, als das Telefon klingelte. „Hallo?" „Hallo Ulrike. Ich bin´s, Jörg." „Jörg, wo bleibst du denn? Ich warte schon auf dich." „Tut mir leid. Ich wollte schon früher anrufen, aber es war die ganze Zeit besetzt bei dir." „Stimmt, ich habe

telefoniert. Aber was ist denn los?" „Du ... ähm ...", Jörg zögerte am anderen Ende der Leitung. „Ich glaube, das wird heute nichts mit unserem Treffen. Ich muss momentan so viel für die Schule machen. Ich weiß gar nicht, wo mir der Kopf steht. Lass es uns verschieben. Ich melde mich. Tut mir leid." „Ich habe mich aber so gefreut. Wir müssen es ja nicht lange ausdehnen. Nur ein, zwei Stündchen." Ulrike ließ nicht locker. „Nein, tut mir leid. Wir sehen uns morgen in der Schule."
Ehe Ulrike nochmal nachhaken konnte, legte Jörg den Hörer auf. Traurig und enttäuscht verbrachte Ulrike den Abend nun alleine. Dabei ging ihr das Telefonat mit Katharina durch den Kopf. Sollte sie sich mit der Idee anfreunden, dass ihre Mutter wirklich irgendwann in ein Heim umziehen müsste? Die Gedanken fuhren Karussell in ihrem Kopf. Dann, ganz langsam überwog die Freude, Jörg am nächsten Tag wenigstens wieder in der Schule zu begegnen, obwohl sie dort weiterhin nur so tun mussten, einfach nette Kollegen zu sein.
Doch die Freude wurde etwas getrübt, als Jörg ihr in einer ruhigen Minute, während sie beide alleine im Lehrerzimmer waren, erzählte, er fahre übers Wochenende zu Verwandten nach Bayern. Das hieße, sie würden sich wieder nicht sehen und etwas zusammen unternehmen. Ulrike kam allerdings nicht mehr dazu, darauf zu reagieren, weil inzwischen andere Kollegen hereinkamen.
Die Unterrichtsstunden, die sie noch vor sich hatte, lenkten sie ab. Zuhause angekommen, dachte sie über Jörgs kurze Mitteilung noch einmal nach. Da kam ihr folgende Idee. Wenn Jörg Richtung Bayern fahren würde, käme er doch an Bamberg vorbei, wo Katharina wohnte. Das wäre eine prima Sache, wenn sie sie auf diese Art und Weise besuchen und einmal persönlich kennenlernen könnte. Und sie hätte gleichzeitig die Gelegenheit, doch noch ein bisschen mit

Jörg zusammen zu sein. Bevor sie jedoch bei Katharina anfragen wollte, ob das überhaupt klappen könnte, rief sie erst einmal bei Jörg an.

„Hallo Jörg, ich hoffe, ich störe nicht. Es ist schon etwas spät, aber ich wollte dich unbedingt etwas fragen. Du fährst doch am Wochenende nach Bayern, hast du mir heute Morgen gesagt. Ist es möglich, mich mitzunehmen und in Bamberg abzusetzen? Ich weiß nicht, ob ich dir von meiner Halbschwester erzählt hatte. Das ist auch eine längere Geschichte. Jedenfalls würde ich gerne die Gelegenheit nutzen und sie einmal besuchen. Und da dachte ich, ob ...", Ulrike konnte den Satz gar nicht beenden, denn Jörg stimmte sofort zu.

„Schön, da freue ich mich. Ich danke dir schon einmal im Voraus. Jetzt muss ich natürlich noch Katharina fragen, ob ihr das überhaupt recht ist, wenn ich so kurzfristig bei ihr auftauche." „Ja, tu das. Es reicht, wenn du mir bis Freitag Bescheid gibst. Wir haben ja erst Dienstag. Aber jetzt muss ich ins Bett. Der Wecker hat morgen früh kein Erbarmen mit mir. Gute Nacht, Ulrike, schlaf gut." „Danke, Jörg, ich wünsche dir auch eine gute Nacht."

Ulrike war zwar ganz aufgeregt, aber in Anbetracht der Uhrzeit wagte sie sich nicht, Katharina noch anzurufen. Sie verschob es auf den nächsten Tag.

Kapitel 29

„Hallo", krächzte eine tiefe Frauenstimme. „Hallo, Katharina, bist du das?" „Ja, wer ist denn da?" Katharina bekam kaum ein Wort heraus. „Hier ist Ulrike. Was ist denn bei dir los? Du hörst dich fürchterlich an." „Ach, Ulrike, du, ich bin total erkältet. Wahrscheinlich ein grippaler Infekt. Mir tut alles weh und meine Stimme ... na, du hörst es ja." „Ach, das tut mir leid. Dann kommt mein Anruf gerade sehr ungelegen." „Nein, erzähl ruhig. Wie geht es dir? Wie geht es deiner Mutter inzwischen? Ist sie noch in ihrer Wohnung? Wir haben ein Weilchen nichts voneinander gehört. Allerdings hat deine Schwester Julia mich zwischendurch angerufen. Wir haben uns nicht lange, aber dafür sehr nett unterhalten. Hat sie dir nichts erzählt?" Katharina musste sich räuspern und hustete vor sich hin. „Nein, das ist komisch. Davon hat sie mir gar nichts berichtet. Meiner Mutter geht es so leidlich. Wir müssen weiter im Auge behalten, wie sich ihre Situation entwickelt. Noch ist sie in ihrer Wohnung. Na ja, weshalb ich dich anrufe, hat sich eigentlich erledigt. Ein Kollege von mir fährt nämlich am Wochenende nach Bayern. Und da er quasi an Bamberg vorbeikommt, wollte ich fragen, ob ich dich besuchen kommen könnte. Dann würden wir uns mal von Angesicht zu Angesicht sehen." „Man, Ulrike, das ist eine super Idee, aber du hörst, wie es mir geht. Es tut mir furchtbar leid. Ich bin im Moment nicht imstande, Besuch zu empfangen. Das ist so schade. Ich hätte mich wirklich riesig gefreut. Wir müssen das unbedingt nachholen."

Ulrike war zwar ziemlich enttäuscht über die Absage, hatte aber natürlich vollstes Verständnis für Katharina. Nun blieb ihr nichts weiter übrig, als auch Jörg zu informieren, dass er sie nicht mitzunehmen brauchte. Dies hieße gleichzeitig, sie würden sich am Wochenende *nicht* sehen.

„Das ist schade für dich. Doch die Gesundheit deiner Halbschwester geht nun mal vor." Das war zunächst Jörgs erste Reaktion, die in Ulrikes Ohren sehr sachlich klang, ohne weiteres Bedauern. „Und was uns betrifft – lass uns am Wochenende darauf etwas Schönes unternehmen", fügte er glücklicherweise noch hinzu. „Okay, dann wünsche ich dir eine gute Fahrt, eine schöne Zeit mit deinen Verwandten, und komm wohlbehalten wieder zurück." „Ja, danke."

Kapitel 30

„Julia, ich bin´s, Ulrike. Hast du am Wochenende Zeit? Jörg fährt weg und ich dachte, wir unternehmen etwas zusammen mit Mama. Es ist schönes Wetter. Vielleicht würde sie sich über eine Dampferfahrt freuen." „Moment mal, langsam ... wer ist Jörg? Habe ich da etwas verpasst? Und schön, dass du dich auch mal wieder hören lässt." Julias Stimme klang am Telefon etwas gereizt. „Wie, ich habe dir bisher nichts von Jörg erzählt? Tut mir leid. Ich bin über beide Ohren verliebt. Er ist ein Kollege von mir, wobei wir unsere Beziehung noch geheim halten müssen. Die Schulleitung sieht nicht gerne, wenn sich unter Kollegen Pärchen bilden. Ich erkläre dir das mal später. Wie sieht es nun aus? Was hältst du von meinem Vorschlag mit der Dampferfahrt?" „Gute Idee. Ich habe am Wochenende nichts weiter vor. Und für Mama wäre das sicher eine schöne Abwechslung. Sie muss einfach mehr unter Leute." „Alles klar, ich organisiere das am besten für Samstag und hole euch beide ab. Kannst du Mama vorher Bescheid geben?" „Ja, mache ich. Dann bis Samstag."
Ulrike hatte nicht wirklich Lust auf den Ausflug mit Julia und ihrer Mutter. Eigentlich war sie mit ihren Gedanken eher bei Jörg. Sie nahm sich vor, ihm bei nächster Gelegenheit denselben Vorschlag mit der Dampferfahrt zu machen. Mit dieser Idee konnte sie sich jetzt besser auf ihre Schwester und Mutter konzentrieren und die Fahrt sogar ein wenig genießen.
Die Zeit auf dem Wasser verging schnell und schon legte der Dampfer am Ausgangspunkt wieder an.

„Lasst uns noch etwas essen gehen. Mir knurrt inzwischen der Magen", schlug Julia vor. Ulrike war sofort einverstanden. Maria hingegen zögerte. „Komm, Mama, du musst auch etwas essen", drängte Julia. „Ich hab doch gerade erst gefrühstückt", wandte Maria ein. „Nein, Mama, das ist doch schon ein paar Stunden her." „Nein, das gab es gerade auf dem Dampfer. Ihr habt mir zu Hause keine Zeit dazu gelassen und mich so früh abgeholt. Außerdem esse ich immer erst abends Mittag. Und jetzt will ich nach Hause." Marias Stimme wurde immer energischer. Julia und Ulrike sahen sich verwundert an. „Mama, auf dem Dampfer gab es kein Frühstück. Wir bringen dich nach dem Mittagessen in deine Wohnung. Julia und ich haben Hunger. Wir suchen uns jetzt ein Restaurant – keine Widerrede." Ulrike war genervt, Julia erschrak etwas über den rauen Ton ihrer Schwester. „Bei mir in der Nähe gibt es eine nette Pizzeria. Die haben viel Auswahl. Da ist sicher auch etwas für dich dabei, Mama."

Julia war mit allem einverstanden. Sie wollte nur keinen Ärger. Im Restaurant angekommen, suchte Maria sofort die Toilette auf. Der Kellner zeigte ihr den Weg, als er sah, dass sie in die falsche Richtung abbog und fast in der Küche landete. Julia und Ulrike bemerkten es nicht, weil sie sich noch über Marias Äußerungen unterhielten. Die Bedienung wollte bereits die Bestellung aufnehmen, als die beiden bemerkten, dass ihre Mutter nicht bei ihnen war. In dem Moment ging die Eingangstür auf und Maria kam in Begleitung einer freundlichen jungen Dame herein.

„Da sitzen meine Töchter. Wollen Sie nicht mit dazu kommen?" „Wo kommst du denn her, Mama? Wir haben dich schon vermisst." „Ihre Mutter lief draußen umher und rief ständig Ihre Namen. Ich dachte, ich frage einfach mal im Restaurant, ob sie hier bekannt ist. Aber das hat sich ja glücklicherweise geklärt." Die junge Dame ging schon

Richtung Ausgang, als Julia und Ulrike sich herzlich bei ihr bedankten. „Mama, was machst du denn für Sachen? Man kann dich kaum aus den Augen lassen. Komm, wir bestellen uns etwas Leckeres, und nach dem Essen bringen wir dich nach Hause. Dort kannst du dich ausruhen. Es war vielleicht ein bisschen zu anstrengend heute für dich." Ulrike versuchte nunmehr, sanft auf ihre Mutter, die nach allem ziemlich unruhig wirkte, einzureden.

Die beiden Schwestern begleiteten ihre Mutter später bis in deren Wohnung, um sich von dort ein Bild zu machen. Bisher war ihnen nicht bewusst, wie es um ihre Mutter wirklich stand. Erstaunlicherweise war die Wohnung aber in einem guten Zustand. Keine Unordnung, keine Essensreste, die in der Küche herumlagen. Offenbar kam Maria in ihren eigenen vier Wänden besser zurecht. Allerdings war der Kühlschrank nicht besonders gut gefüllt.

„Mama, was isst du denn so über den Tag verteilt?", wollte Ulrike doch genauer wissen. „Hmm, ich esse Frühstück und Mittag und Abendbrot." „Das ist mir zu allgemein. Ich will wissen, was du dir zum Beispiel zum Mittag kochst. Dein Kühlschrank gibt kaum etwas her." „Ach. Kind, lass das mal sein. Willst du mich kontrollieren?" Jetzt mischte sich Julia ein. „Mama, wir machen uns Sorgen um dich. Das vorhin im Restaurant war schon merkwürdig. Du hast von der Toilette aus nicht mehr zu unserem Tisch gefunden. Wir überlegen nun, wie du das mit dem Einkauf und dem Zubereiten deiner Mahlzeiten machst." „Alles in Ordnung, ihr beiden. Ihr müsst euch wirklich keine Sorgen machen. Bisher bin ich doch nicht verhungert. Na ja, manchmal bin ich etwas vergesslich, aber in meinem Alter ist das doch ganz normal. Und jetzt wäre ich gerne wieder alleine. Der Tag war sehr schön mit euch, aber ein klein wenig anstrengend." Maria drängte ihre beiden Töchter zur Tür hinaus. „Wir müssen das tatsächlich im Auge behalten mit Mama. Das lässt mir keine

Ruhe." „Ich bin ganz deiner Meinung. Wo soll das bloß hinführen?" Julia sah ihre Schwester fragend an. „Ich habe neulich Katharina von Mamas Verhalten erzählt. Sie hat mir berichtet, wie es mit ihrer Oma ablief. Letztendlich mussten sie sie ins Heim geben, weil es einfach nicht mehr anders ging." „In ein Heim?" Julia war entsetzt. „Ja, genauso habe ich auch reagiert. Doch wenn ich es mir reiflich überlege, wird uns in absehbarer Zukunft nichts anderes übrigbleiben. Keiner von uns Geschwistern kann Mama bei sich aufnehmen. Und ehe noch etwas Schlimmeres passiert, sehe ich darin die einzige Möglichkeit. Stell dir vor, Mama vergisst einmal, dass sie Essen auf dem Herd stehen hat. Alles brennt an und zum Schluss steht die Wohnung in Flammen. Nicht auszudenken." „Gut, wenn man das so sieht, dann verstehe ich deine Bedenken, Ulrike."

Kapitel 31

Wie geplant unternahm Ulrike an einem der darauffolgenden Wochenenden einen Dampferausflug mit Jörg. Wieder hatte sie sich riesig auf das Treffen mit ihm gefreut, zumal sie sich immer näher kamen. Jeder Blick, jede Berührung erzeugte eine Gänsehaut und traf Ulrike tief in ihrem Herzen. Sie konnte es kaum beschreiben. Dieses Gefühl von Vertrautheit und Verbundenheit erfasste sie tief in ihrer Seele.
„Du strahlst ja heute so", bemerkte Jörg, als er sie abholte. „Ich habe mich einfach auf dich gefreut", antwortete Ulrike allerdings nur kurz. Manchmal war sie sich unsicher, ob Jörg genauso empfand.
„Das mit der Dampferfahrt war eine gute Idee. Die frische Luft auf dem Wasser tat richtig gut. Der Herbst hält bald

Einzug, und so konnten wir das schöne Wetter noch ausnutzen. Aber jetzt ab zum Italiener. Ich habe Hunger bekommen." Ulrike folgte ohne Widerspruch. Inzwischen wurde sie dort ebenfalls schon als Stammgast mit Handschlag begrüßt.
Während des Essens erzählte Jörg von seinem Verwandtenbesuch in Bayern, wobei Ulrike sich eingestehen musste, nur mit halbem Ohr hinzuhören. Zu sehr war sie mit den Eindrücken der letzten Zeit beschäftigt. Sie erzählte Jörg anschließend von dem Erlebnis mit ihrer Mutter. Diesmal bewegte es sie so, dass ihr sogar ein paar Tränen die Wange herunterrollten. Jörg streichelte ihr zart über die Hand. Er gab sich große Mühe, sie zu verstehen, auch wenn er selbst solche Erfahrungen nicht gemacht hatte.
Den Abend verbrachten beide bei Kerzenschein und Musik bei Ulrike zu Hause. Es brachte sie auf andere Gedanken. Später folgte eine romantische Nacht voller Leidenschaft. Ulrike schwebte im siebenten Himmel. Und so steigerte sich ihre Sehnsucht, wenn Jörg gemeinsame Treffen in der Folgezeit verschob oder sogar ganz absagte. Leider kam das öfter vor. Ulrike verstand die Welt nicht mehr. Hatte sie sich alles nur eingebildet? Waren Jörgs Gefühle ihr gegenüber nicht echt? Oder hatte sie etwas falsch gemacht? Wollte sich Jörg langsam aber sicher zurückziehen? Was sollte das für einen Grund haben?
„Hallo Ulrike, hier ist Jörg", er rief sie gerade an, als sie gedankenversunken auf ihrer Couch saß und versuchte, es sich gemütlich zu machen. „Hallo Jörg, ich habe eben an dich gedacht. Was gibt's?" „Hmm, ich hab überlegt, ob du nicht einmal zu mir kommen möchtest. Ich koche uns was Schönes, wir plaudern ein bisschen, und mal sehen, ob wir danach spontan etwas unternehmen wollen." Schnell vergaß Ulrike ihre Fragen und Sorgen um ihre Beziehung und sagte für kommenden Samstag zu. „Soll ich etwas mitbringen?"

„Nein, nein, du bist mein Gast. Bring einfach gute Laune mit." Nun gut, dachte Ulrike, daran soll's nicht scheitern. Trotz ihrer Fragen im Hinterkopf, freute sie sich auf das Treffen.

Das Beisammensein war entspannt. Jörgs Kochkünste ließen es an nichts mangeln. Er servierte Ulrike ein Drei-Gänge-Menü vom Feinsten, wie sie fand. Sie ließen sich richtig Zeit dabei. Es gab zunächst eine Hühnerbrühe mit Eistich als Vorsuppe, dann Putengeschnetzeltes mit Reis in einer Currysahnesoße mit Ananas und als Nachtisch Apfelstrudel mit Vanillesoße.

„Jörg", betonte Ulrike, „ich wusste gar nicht, dass du so gut kochen kannst. Ich komme kaum aus dem Staunen heraus. Mir fehlen die Worte. Vielen Dank jedenfalls dafür. Es hat alles hervorragend geschmeckt. Das nächste Mal koche ich für uns. Zuhause ist es doch gemütlicher als im Restaurant."

Ulrike wollte es sich gerade auf der Couch bequem machen, als Jörg wie aus heiterem Himmel andeutete, er würde den Abend lieber alleine verbringen. Ulrike wusste dieses abrupte Ende des Tages überhaupt nicht einzuschätzen. Was ging da bloß in Jörg vor. Erst die verführerische Einladung und jetzt der Rausschmiss. Sie spürte ihre Enttäuschung aufsteigen. Nun bloß nicht beleidigt tun und bloß nicht Jörg bedrängen. Doch er blickte Ulrike tief in die Augen und ahnte ihre Frustration.

„Ich weiß, Ulrike, du wünschst dir mehr. Aber ich finde das im Moment alles ziemlich schwierig." Ulrike unterbrach ihn sofort. „Was meinst du mit 'alles ziemlich schwierig'? Du hast doch selbst gesagt, du fühlst dich wohl mit mir. Habe ich etwas falsch gemacht?" „Nein, du hast gar nichts falsch gemacht. Es ist schön mit dir zusammen, aber ..." „Was, aber, spuck es aus. Hast du jemand anderes kennengelernt?" „Nein, das habe ich nicht. Es ist nur: Ich kann diese Heimlichtuerei in der Schule nicht. In der Woche reicht es abends oft nur für ein Telefonat mit dir. Und an den Wochenenden habe ich den Eindruck, du erwartest dann immer, dass wir uns sehen. Das engt mich irgendwie ein. Ich möchte mich auch einmal mit meinen Freunden treffen oder einfach gar nichts tun." „Aber das kannst du doch. Ich will dich auf keinen Fall einengen, geschweige, dich von anderen Aktivitäten abhalten. Du musst mir das nur sagen." „Genau, du erwartest, dass ich es dir sagen soll. Ich will mich aber nicht immer rechtfertigen, wenn ich dir absage. Von daher lass uns mal eine Pause einlegen. Es kommen wieder bessere Tage für uns." Ulrike gab es einen Stich ins Herz. Sie zitterte innerlich. Gefühle von Wut und Enttäuschung wechselten sich ab.

„Bessere Tage – was meinst du damit? Hatten wir bisher keine schönen Tage?" „Doch, die hatten wir absolut. Leg doch jetzt nicht alles auf die Goldwaage. Ich mag dich auch, aber lass uns das Gespräch beenden, ehe etwas kaputt geht zwischen uns. Ich bringe dich natürlich noch nach Hause. Ich melde mich bei dir." „Nein danke, du musst mich nicht nach Hause fahren. Ich brauche frische Luft und muss über alles nachdenken."

Ulrike verließ schnurstracks Jörgs Wohnung. Kein Kuss, keine Umarmung. Zu sehr tat ihr weh, was sie da gerade hörte. Sie wollte nur raus, um ihren Tränen freien Lauf zu lassen. Diesen Anblick wollte sie Jörg auf keinen Fall bieten. Ist nun alles aus und vorbei? Wie lange Pause würde Jörg wohl brauchen? Tausende von Gedanken und Fragen schossen Ulrike durch den Kopf. Der Abend war jedenfalls für sie gelaufen. Selbst die Nacht darauf war nicht unbedingt erholsam. Diese Achterbahnfahrt ihrer Gefühle von himmelhochjauchzend bis zu Tode betrübt zehrte an ihren Kräften. Sie ließen sie nicht zur Ruhe kommen. Am meisten fürchtete Ulrike das Zusammentreffen mit Jörg in der Schule.

Es war schrecklich für sie. Immer, wenn sie sich über den

Weg liefen, musste sie Stärke zeigen. Jörg sollte auf keinen Fall merken, wie sehr Ulrike ihn brauchte. Alles in ihr sehnte sich nach dem Mann, den sie inzwischen so sehr liebte.

Es dauerte nicht lange und Jörg lud sie zu einem Spaziergang ein, weil er ihr etwas mitteilen wollte. Ulrike war gespannt. Einerseits hatte sie eine düstere Vorahnung, als würde Jörg endgültig Schluss mit ihr machen. Andererseits schöpfte sie Hoffnung. Vielleicht hatte er es sich endlich anders überlegt und sie könnten ihre Beziehung wieder enger werden lassen.

„Schön, dass du gekommen bist, Ulrike." Jörg umarmte sie und gab ihr einen Kuss auf die Wange, was für Ulrike Distanz bedeutete. „Lass uns ein Stück laufen. Wie geht es dir?" „Wie soll es mir gehen nach dem, was du mir letztens erzählt hast? Was kann mich denn heute erwarten?" Ulrikes Stimme klang gereizt. „Nun gut, ich will es kurz machen. Ich habe mich beworben und die Stelle als Schulleiter an einer anderen Schule bekommen. Ab nächsten Monat werde ich sie antreten." „Das ist doch toll." Ulrikes Anspannung wich, und ihr Herz jubelte sacht. „Dann können wir uns jetzt doch wieder öfter sehen, denn du bist nicht mehr in dieser Zwickmühle. Wir müssen aus unserer Beziehung kein Geheimnis mehr machen." „Halt, Ulrike, das ändert an meiner Situation dir gegenüber trotzdem nichts. Ich wollte es dir nur als Erster erzählen, bevor es die anderen Kollegen erfahren. Es tut mir leid. Ich brauche die Pause weiterhin. Der neue Posten wird eine Herausforderung sein. Da werde ich wenig Zeit für andere Dinge haben." „Habe ich richtig verstanden? Du hakst mich unter „andere Dinge" ab? Das ist so unfair von dir. Ich finde keine Worte mehr." „Ulrike, ich habe dir nie etwas versprochen. Es war eine schöne Zeit mit dir. Ich mag dich wirklich, aber vielleicht waren wir zu schnell in allem."

In diesem Moment brach für Ulrike erneut eine Welt zusammen. Eine düstere Vorahnung hatte sich genau jetzt bestätigt. Jörg sprach zwar immer von Pause, meinte aber letztendlich ein Ende der Beziehung. Ihre Wege trennten sich und jeder ging in seine eigene Welt zurück.

Kapitel 32

In der Familie ereignete sich in der Folgezeit folgendes:
Maria kam ins Heim, in dem sie gut betreut wurde und noch einige Jahre lebte. Die Kinder taten sich zwar schwer mit dieser Entscheidung, aber ihre Mutter kam in ihrer Wohnung nicht mehr zurecht, geschweige denn, dass sie außer Haus gehen konnte, ohne sich zu verlaufen. Die Demenz war außerdem so weit fortgeschritten, dass sie ihre Kinder, die sie regelmäßig abwechselnd besuchten, nicht mehr erkannte.

Michael heiratete nach ein paar missglückten Beziehungen eine Kundin von ihm. Die Ehe blieb jedoch kinderlos. Mit sechzig Jahren ging er in Rente und verkaufte seine Tischlerei an seinen besten Gesellen. Michael und sein Schulfreund Thomas hatten sich über die Jahre mehr und mehr auseinandergelebt. Zu verschieden waren ihre Interessen.

Julia und Ulrike zogen zusammen.
Julia hatte von Zeit zu Zeit lose Beziehungen, konnte sich aber leider nie für eine feste Bindung entscheiden. Ihr Gesundheitszustand hatte sich stabilisiert. Die Arbeit in der Versicherungsagentur machte ihr enorm viel Spaß.
Ulrike wechselte irgendwann die Schule. Zuviel erinnerte sie an ihren ehemaligen Kollegen und Freund. Sie war indessen

überzeugt, ihre große Liebe Jörg würde sich eines Tages wieder bei ihr melden, und dann gäbe es für beide ein Happy End. Die beiden Schwestern hielten weiterhin Kontakt zu ihrer Halbschwester Katharina. Es fanden je nach Gelegenheit auch gegenseitige Besuche statt.

Gerlinde und Ulrich hatten sich hingegen zurückgezogen, nachdem sie mit Marias Demenz nicht klarkamen. Ulrike hörte ab und zu von Theresa, wie es deren Eltern ging. Sie waren bis ins hohe Alter wohl noch recht fit.

Epilog

Was für eine lange Reise, dachte sich Susanne, als sie den Schlusspunkt hinter ihren Roman setzte.
Zwischendurch wusste sie nicht, ob sie das Schreiben bis zum Ende schaffen würde. Es gab Momente, in denen die Ideen ausblieben und Ereignisse in ihrem eigenen Leben ihr Schreibpausen auferlegten.
Erfreulicherweise konnten ihre zwischenzeitlich erfolgten ärztlichen Untersuchungen bestätigen, dass die Krebserkrankung in den Griff zu bekommen war. Nach und nach fand sie zurück in die Geschichte einer Familie, die in einzelnen wenigen Punkten ihre eigene war.

Alle unsere Autoren und Bücher finden Sie in unserem kompletten Verlagsprogramm, das Sie jeder Zeit, kostenfrei, unter info@primaer-verlag.de oder postalisch mit frankiertem Rückumschlag, bestellen können.

primär
Verlag Berlin

Ein Unternehmen der Worm Dienstleistungsgruppe.

Autoren gesucht!

Sie haben ein Buch geschrieben, aber das Interesse der Verlage ist bisher verhalten?

Wir suchen neue Talente - Wir suchen Sie!

Der Primär Verlag Berlin ist ein Unternehmen der Worm Dienstleistungsgruppe. Als Autor hat Mario Worm bereits mehrere Romane veröffentlicht und dabei sehr unterschiedliche Erfahrungen gemacht.

Während namhafte Verlage die Manuskripte (noch) namenloser Literaten zum größten Teil ungelesen ablehnen, verlangen kleine Verlage meist eine horrende Selbstbeteiligung an den Kosten. Was Autoren für ihr Geld bekommen, sind ein paar Bücher, die im besten Fall noch auf einer Buchmesse als Randnotiz auftauchen.

Um gerade jungen und hoch motivierten Schriftstellern eine faire Startplattform zu geben, hat die Dienstleistungsgruppe Worm den Primär Verlag Berlin ins Leben gerufen.

Unser Ziel ist es, ihr Werk nicht nur zur veröffentlichen, sondern auch ins Gespräch zu bringen.

Apropos – zu einem solchen sollten wir uns unbedingt nach der Klärung wichtiger Details treffen!

Unsere Arbeitsweise

Sie nehmen mit uns Kontakt auf. Was ist zu tun?

1. Sie senden uns eine kurze Zusammenfassung (Exposé auf max. einer DIN-A4 Seite) und die ersten zehn Seiten Ihres Werkes.

2. Wir prüfen, ob ihr Buch in unser Verlagsprogramm passt, und sondieren die Marktchancen ihres Werkes.

3. Wir laden Sie zu einem Gespräch ein. Dabei sprechen wir über weitere Fragen wie Lektorat, Gestaltung und Marketingstrategien - speziell abgestimmt für ihre Veröffentlichung.

4. Bei wechselseitiger Einigung schließen wir einen Vertrag. Danach beginnen wir mit der Herausgabe und begleitenden Marketingmaßnahmen für ihr Buch.

Welche Literatur verlegen wir?

Jegliche Art von Belletristik, also Romane, Erzählungen etc. Das Genre spielt dabei eine untergeordnete Rolle.

Was verlegen wir nicht?

Literatur, die rassistisch, menschenverachtend ist oder Gewalt verherrlicht.

Warum sollten Sie mit uns arbeiten?

Weil wir uns als echter Dienstleister verstehen. Und weil viel mehr Autoren faire, transparente Verträge und einen Partner verdient haben, der den gemeinsamen Erfolg anstrebt und nicht zuerst den Rechenschieber schwingt!

Unsere Arbeitsweise gefällt Ihnen? Dann bewerben Sie sich als neuer Autor bei uns!

Kontakt: Primär Verlag Berlin

Fließstraße 09, 15345 Eggersdorf

Funk: 01723943857

Mail: info@primaer-verlag.de

www.primaer-verlag.de

Multimatic
iLSA Deutschland

»Mehr als Technik«

Wir verhelfen Profis zum Erfolg, fördern den Nachwuchs, unterstützen Ideen - in unserer Branche seit 1965... Und hiermit auch den Primär Verlag Berlin, weil uns die Idee und das Engagement des Verlagsgründers Mario Worm überzeugt hat: Ein junger Verlag, der hoch motivierten Schriftstellern eine faire Startplattform geben möchte. Das ist - so ähnlich - auch unser Ding! Multimatic ist in Deutschland der führende Komplettausrüster für die professionelle Textilpflege. Unser Name steht für hochwertige Produkte und einzigartigen Service. Wir sind für unsere Kunden ein kompetenter und zuverlässiger Partner in allen Belangen rund um ihren Betrieb.

Das beste Programm für Textilpflege-Profis

Wir sind spezialisiert unter anderem auf Maschinen, Bügeltechnik und Logistiksysteme. Außerdem bringen wir innovative Technologien auf den deutschen Markt, die den Textilpflegebetrieben neue Chancen im Wettbewerb eröffnen. Unsere Produkte sind leicht zu bedienen und besonders wirtschaftlich. Sie überzeugen durch höchste Qualität und Betriebssicherheit sowie durch äußerst niedrigen Energie- und Ressourceneinsatz.

Gemeinsam mit einem starken Team

Hinter Multimatic steht ein eingespieltes Team von qualifizierten Mitarbeitern, Kundenberatern und Servicetechnikern - deutschlandweit. Sie bilden die Basis für anhaltenden Erfolg und sichern unsere Position als Marktführer. Das gelingt nur mit Fachwissen, Erfahrung und engagierter Markt- und Kundenorientierung.

Von der Idee bis zum Erfolg

Multimatic ist weit mehr als erstklassige Technik. Mit Mehrwerten und Dienstleistungen stärken wir unsere Kunden im harten Wettbewerb. Über die intensive Beratung zu einzelnen Maschinen und Geräten hinaus planen wir für unsere Auftraggeber komplette Textilpflegebetriebe jeder Größe. Wir begleiten unsere Kunden von der ersten Idee über die Konzeption bis zur Inbetriebnahme bei der Umsetzung ihrer Vorhaben. Bei Bedarf vermitteln wir eine Finanzierung zu fairen Konditionen. Wir unterstützen unsere Kunden mit Marketing- und Werbemaßnahmen.

Talente richtig fördern

Wir bilden junge Leute für unser Unternehmen aus. Außerdem geben wir unser Textilpflege-Fachwissen weiter, zum Beispiel an Berufs- und Meisterschüler in der Ausbildungsphase. Bei Schulungen und Seminaren vermitteln wir den Teilnehmern regelmäßig wertvolles Know-how für die Praxis. Wir informieren über neue Produkte und bewährte Technik sowie über Trends und Entwicklungen in der Branche. Unsere Kunden sind immer bestens informiert – eine Grundvoraussetzung für mehr Erfolg.

Primär Verlag Berlin und Multimatic:

Zwei völlig unterschiedliche Unternehmen, zwei völlig unterschiedliche Branchen, aber eine gemeinsame Idee: Mit dem richtigen Know-how hoch motivierten Menschen eine faire Plattform bieten. Genau das ist unser Ding!

Multimatic iLSA Deutschland GmbH & Co. KG

Geschäftsführer: Dirk Freitag Maschweg 72-74 D-49324 Melle

Fon: +49 (0)5422 1000 Fax: +49 (0)5422 100-48

Mail: info@multimatic.de und www.multimatic.de

Dieses Buch ist mit Papyrus Autor geschrieben.

Das Schreibprogramm für besseren Text.

Papyrus Autor ist die Textverarbeitung für Schriftsteller und andere Autoren. Mit seinen einmaligen Funktionen ist es die umfassende Lösung für besseres Schreiben. Entwickelt von einem Team mit über 20 Jahren Erfahrung im Bereich Schreibsoftware.

<u>Features</u>

•Einmalig gelungene Texte durch Duden Korrektor, Stilanalyse und Lesbarkeit

•Komfortable Textverarbeitung mit 20 Jahren kontinuierlicher Entwicklung

•Individuell einstellbare Arbeitsumgebung. Ob Vollbild »ohne alles« oder viele Fenster - stellen Sie genau ein, was Sie brauchen, und schalten Sie je nach Bedarf um.

•Spannbreite vom schnellen Brief bis zum vieltausendseitigen Roman, Sachbuch oder Bildband

•Besonderheiten für Schriftsteller, die auch für »Normalschreiber« von hohem Wert sind (siehe »Besonderheiten«)

- Einfachstes »Daten-Sammeln« - ob nur für Hintergrund-Informationen für Ihren Roman oder für absolut sichere und präzise Quellenangaben. Ziehen Sie Bilder und Texte einfach mit der Maus aus dem Internet, um den Rest kümmert sich Papyrus Autor.

- besondere Möglichkeiten, Ihren Text zu strukturieren - die »Navigator« Kapitel- und Abschnittsübersicht mit Bearbeitungsstatus und diversen Notizen zu den Kapiteln

- Ideen und Bilder speichern: in Kommentaren am Rand, in den Papyrus-Klemmbrettern uvm

- Kompatibel zu MS Word, auch im Textaustausch mit Korrekturlesern und Lektoren - mit Änderungsverfolgung, Kommentaren, ...

- Besondere DTP-Gestaltungs-Funktionen für Broschüren, Poster, Etiketten, ...

- Komplette Abdeckung des »normalen« Office-Funktionsumfangs fürs Büro mit Serienbriefen, Tabellenkalkulation, leicht benutzbarer Datenbank mit besonders einfacher Suche

- Eine Lizenz gilt für Ihren heimischen PC, Ihren Arbeitsrechner und Ihren Laptop - egal, ob Mac oder Windows.

R.O.M. Logicware Soft- & Hardware GmbH

Am Studio 2 A

12489 Berlin

E-Mail: info@papyrus.de